rororo

rororo

Zu diesem Buch

Gottfried Benn und Else Lasker-Schüler lernen sich kurz vor dem Ersten Weltkrieg in Berlin kennen. Die jüdische Dichterin von knabenhafter Gestalt nennt sich «Prinz Jussuf von Theben» und trägt Hosen, in jener Zeit eine Provokation. Benn, der siebzehn Jahre jüngere Pastorensohn, dem sie den Namen «König Giselheer» gibt, scheint ihr perfektes Gegenbild – ihr preußischer Orpheus.
In lyrischen Texten feiert das Paar eine kurze, aber heftige Liebesbeziehung. Was als leidenschaftliche Symbiose zweier ungleicher Menschen beginnt, weitet sich zur persönlichen und politischen Tragödie.

Die Autorin

Helma Sanders-Brahms ist Schriftstellerin, Hörspielautorin und preisgekrönte Regisseurin zahlreicher Filme («Unter dem Pflaster ist der Strand»; «Deutschland, bleiche Mutter»). Auf der Berlinale 1997 wurde ihr Dokumentarfilm «Mein Herz – niemandem!» über Benn und Lasker-Schüler uraufgeführt.

Helma Sanders-Brahms

Gottfried Benn und Else Lasker-Schüler

Giselheer und
Prinz Jussuf

Rowohlt Taschenbuch Verlag

PAARE Herausgegeben von Claudia Schmölders

Einmalige Sonderausgabe Oktober 1998

Veröffentlicht im Rowohlt Taschenbuch
Verlag GmbH, Reinbek bei Hamburg,
Oktober 1998

Umschlaggestaltung Notburga Stelzer
(Fotos: Else Lasker-Schüler,
Bildarchiv Preußischer Kulturbesitz;
Gottfried Benn, mit freundlicher Genehmigung
des Schiller-Nationalmuseums und des
Deutschen Literaturarchivs, Marbach)
Gesamtherstellung Clausen & Bosse, Leck
Printed in Germany
ISBN 3 499 22535 2

Inhalt

Jüdische Kindheit. 1869–1883 7
Protestantische Kindheit. 1886–1900 19
Aufbruch. 1882–1910 29
Stud. med. Benn. 1900–1910 49
Prinz Jussuf. 1910–1912 58
Giselheer, der Tiger. 1912–1913 70
Dialog der Liebe. 1912–1913 81
Einsamkeiten. 1913–1914 109
Krieg und Chaos. 1914–1929 122
Der Prinz und der Barbar. 1930–1939 144
Götterdämmerung und Heimkehr. 1939, 1945, 1956 170
Literaturhinweise 188
Bildnachweis 191

Mein besonderer Dank gilt Prof. Dr. Leo Fiedler, Universität Frankfurt, aber auch Prof. Dr. Guy Stern, Universität of Massachussetts, Prof. Dr. Urs Jaeggi, Berlin, Michael Schmid-Ospach und der Else Lasker-Schüler-Gesellschaft Wuppertal, dem Deutschen Literaturarchiv Marbach, meinen Freunden Michail und Anna Schnitmann, Giora S. Shoham für sein Buch «Walhalla Golgatha Auschwitz» sowie meiner Tochter Anna Sanders.

Jüdische Kindheit.
1869–1883

Am 11. Februar 1869 wird dem jüdischen Privatbankier Aron Schüler in Elberfeld von seiner Frau Jeanette, geborene Kissing, als sechstes Kind ein Mädchen geboren, das den Namen Else erhält. Als Erwachsene wird sie ihr Geburtsdatum um sieben Jahre vordatieren, sieben Jahre, die sie jünger sein will, als es dem Elberfelder Geburtenregister entspricht.

Else Schüler hat zwei Schwestern und drei Brüder, von denen, wie von ihrem Vater und ihrer Mutter, Fotos erhalten sind: eine Familie aufgeklärter Juden des gehobenen Bürgertums, das im kaiserlichen Deutschland der Gründerzeit in relativer Sicherheit und in relativem Wohlstand leben konnte – und das es heute so nicht mehr gibt, weil es durch den Holocaust nahezu ausgelöscht wurde.

Vater, Mutter und Geschwister stellen bereits den wesentlichen Teil des Figurenarsenals der späteren Schriftstellerin Else Lasker-Schüler, sowohl in ihren Prosatexten wie auch in ihren Theaterstücken. Allerdings vergrößert sie da die Familie, besonders in dem Schauspiel «Arthur Aronymus» – 23 Kinder hat dort die Familie Schüler, so viele wie das hebräische Alphabet Buchstaben hat.

Der älteste Bruder, Alfred Jacob, elf Jahre älter als sie, wurde später Kunstmaler in Hamburg.

Maximilian Moritz hat in den neunziger Jahren das Bankgeschäft Aron Schülers übernommen. Das Haus in der Sadowa-Straße 7 in Wuppertal-Elberfeld, in dem Else ihre Kindheit erlebte, ist in seinen Besitz übergegangen. Er ist zehn Jahre älter als sie.

Paul Carl, unter ihren Brüdern der dritte, nur acht Jahre älter als Else, ist ihr Lieblingsbruder. Er stirbt mit einundzwanzig Jahren, als sie erst dreizehn ist. Ihm wird sie ihr Leben lang nachtrauern, nach ihm wird sie ihren Sohn nennen, ihm bildet sie den Eduard Sonntag in ihrem Schauspiel «Die Wupper» nach.

Zumindest dem Namen nach taucht ihre älteste Schwester Martha ebenfalls in dem Stück auf, als die schöne Fabrikantentochter, deren Nacktfoto so kompromittierend wirkt. Martha ist ein Jahr jünger als Paul und sieben Jahre älter als Else.

Die hat sich jedoch ihrer jüngeren Schwester Anna zeit ihres Lebens näher gefühlt, dem Vorbild der Fanny im Schauspiel «Arthur Aronymus». Sie ist die einzige aus der Familie, mit der Else bis zu ihrem Tode in Verbindung bleibt. Daß Elses Vater Aron Schüler hinter der Figur des Arthur Aronymus im gleichnamigen Schauspiel steht, hat sie selbst immer wieder betont. Tatsächlich hieß seine Stiefmutter Henriette, und deren Vater, der Rabbi Zwi Hirsch Cohen, war eine legendäre Gestalt, wie im Stück. Von ihm ist uns jedoch kein Bild überliefert, ebensowenig wie von den Vorfahren der Mutter, die angeblich aus Spanien kamen. Sie haben mit Wein gehandelt und nannten sich nach dem Ort Bad Kissingen Kissing. Von dort kamen sie nach Westfalen.

So lebten die Großeltern mütterlicherseits im westfälischen Geseke, dem Urbild des «Hexengeseke» im «Arthur Aronymus», einem Ort aus bäuerlicher Beschränktheit und beängstigender Gemütlichkeit, wie in einem düsteren Grimmschen Märchen. In Geseke hat tatsächlich im neunzehnten Jahrhundert ein Pogrom stattgefunden, auf das sich die Dichterin im «Arthur Aronymus» bezieht. Die Erinnerung daran durchzog die Erzählungen, die das kleine Mädchen zu hören bekam.

Deutschland hatte im neunzehnten Jahrhundert als Folge der französischen Besatzung und der durch sie verordneten Gleichstellung der Juden scheinbar den mittelalterlichen

Hexenwahn abgeschüttelt, der den Juden unterstellte, sie würden kleine Kinder stehlen und abschlachten und Kriminalität und Krankheit verbreiten. Aber unterschwellig lauerten die alten Ängste vor der Fremdheit der religiösen Bräuche, vor dem familiären und außerfamiliären Zusammenhalt der Juden in ihren Gemeinden, vor ihren vielfältigen gesetzlichen Vorschriften und ihrer Einhaltung.

Die Juden ihrerseits lebten trotz der vorgeblichen Sicherheit in Furcht vor dem Wiederaufleben des nackten Hasses, wie er in früheren Jahrhunderten immer wieder ausgebrochen war und wie er sich in Frankreich in der Dreyfus-Affäre in einer ganz modernen Version äußerte. Zweifellos gab es diese Ängste auch in der Familie Schüler, so aufgeklärt die Zeit sich gab – und ganz deutlich sind sie zu erkennen in der Figur der fallsüchtigen Dora, dem epileptischen Kind im «Arthur Aronymus», mit der Else sich selbst dargestellt hat, denn sie war Epileptikerin.

Jude = krank = geistesgestört – mit dieser Gleichung sollten die Nazis einige Jahrzehnte später die Judenverfolgung beginnen. Die Grundlagen zu einer solchen «wissenschaftlichen» Begründung des Judenhasses wurden im wilhelminischen Deutschland gelegt, als Else Kind war.

Elses Mutter, Jeanette Schüler, geborene Kissing, war eine schöne, heitere, gebildete Frau, sie sprach fließend Französisch, sie liebte die Dichtung, besonders die der deutschen Klassik, und in ihren sehnsüchtigen Augen lag ein Ausdruck, der die kleine Tochter an Venedig oder Toledo denken ließ, wo um das Jahr 1000 Juden gemeinsam und im Frieden mit Christen und Moslems an der Weiterentwicklung des menschlichen Wissens und der menschlichen Erkenntnis arbeiten konnten. Wenn Else die Heimat ihrer Mutter an diesen beiden Orten sucht, dann nicht nur im Sinne der realen geographischen Herkunft, sondern als Orten der Hoffnung auf Versöhnung.

Schwarz fließt immer noch die Wupper, der «schwärzeste Fluß der Welt», wie Else Lasker-Schüler ihn später nannte, durch ihre Geburtsstadt, zum Teil über Sandbänke und flache Kiesel, unter grünem Gebüsch hindurch und eingegrenzt von heute zumeist nicht mehr oder anders als damals genutzten Fabriken. Zu Elses Kinderzeit entließen diese Fabriken – es waren hauptsächlich Färbereien – indigoblaue Farbe in den Fluß, die sich in dem strömenden Dunkel langsam auflöste. Reines Blau, wie es später die Bilder ihrer Freunde, der Maler des deutschen Expressionismus, bestimmen sollte.

Hier strömte es aus den Abflüssen der ersten «Bayer»-Werke, künstlich erzeugt, um den teueren natürlichen Farbstoff aus Indien zu ersetzen und so die Arbeitsanzüge der kommenden Industriearbeiter-Generationen wirksam und billig zu färben. Das Elberfeld jener Zeit war die erste deutsche Industriestadt, ein deutsches Manchester, und die Gründerjahre der Kaiserzeit nahmen hier ihren Anfang.

Friedrich Engels stammt aus dieser Stadt, wo in der Frühzeit der Industrialisierung Deutschlands die Schlote rauchten wie nirgendwo sonst. Die Unternehmer jener Jahre herrschten patriarchalisch, aber doch auch zum Teil verantwortungsvoll – wie zum Beispiel Elses Vater, der seinen Mietern die Miete schenkte, wenn sie sie nicht aufbringen konnten. Es gibt auch heute noch in Wuppertal Parks, Türme und Hallen, die von den Unternehmer-Patriarchen jener Gründerzeit gestiftet wurden. Wer Geld hatte und Fabriken oder Banken besaß, der zeigte sich als dankbarer Sohn der Stadt und schenkte ihr ein selbstgeschaffenes Denkmal. Wohltätigkeit kann man das nicht eigentlich nennen, eher schon Bürgersinn. Jedenfalls spielen die Kinder der Stadt heute noch in den damals gegründeten Parks, steigen über die damals gebauten Treppen und auf die Türme und besuchen die kulturellen Veranstaltungen in den damals gebauten Sälen.

Nach Else Lasker-Schülers Schilderungen waren ihre Eltern besonders großzügig, gütig, menschenfreundlich – mit den Deutschen versöhnt wollten sie leben und Versöhnung stiften. Der Ruch der Geldgier, in dem die Juden standen, sollte genommen werden, auch und gerade gegenüber den Armen und Abhängigen. Else schreibt, wie sie mit ihrem Vater oder auch ihrer Mutter die Arbeiter in ihren Häusern besuchte, um dort für die Kranken Medikamente zu hinterlassen oder Nahrungsmittel. Sehr früh hat sie so die Probleme der Industriearbeiter mitbekommen, Angst um den Verlust des Arbeitsplatzes, Trunksucht, Spielleidenschaft, Prostitution, Aberglauben, sogar Hexerei.

Else war ihnen nahe genug, um ihren Dialekt zu sprechen, um ihre Lebensverhältnisse zu kennen, ihre begrenzten Hoffnungen und Wünsche, ihre Verzweiflung. Sie hat die Sprache wie die Gefühle dieser Arbeiterfamilien der Gründerjahre so nahe und so früh in ihrem Leben verstanden, daß sie sich mit ihnen wirklich identifizieren konnte, daß sie die Poesie in ihnen wahrnahm und deshalb keine Ambition entwickelte, den Arbeitern und Arbeiterinnen einen bürgerlichen Begriff von Poesie aufzupfropfen. Darin liegt eine der genialen Leistungen Else Lasker-Schülers. Wie Chagall uns mit seinem Witebsk ein tieferes und reicheres Bild des russischen Dorflebens und des russischen Judentums vermittelt, als wir es aus irgendeinem anderen Zeugnis kennen, so ist Else Lasker-Schülers «Wupper» das komplexeste Zeugnis, das wir vom Leben der Arbeiter in den deutschen Gründerjahren haben, und ihr «Arthur Aronymus» das tiefgründigste Bild des deutschen Judentums in dem Land der Grimmschen Märchen.

Nachts hörte das Kind die betrunkenen Arbeiter heimkehren und ängstigte sich über ihr Geschrei und ihren Streit, wurde von ihnen bewundert oder beschimpft, nahm auf dem Schoß der Alten an ihren Mahlzeiten teil, wo es sich seine Gedanken machte über Liebesgeschichten und sonstige Dramen, die vor seinen unbestechlichen Augen abliefen. Diese Arbeiter der frühen Industriezeit kamen aus den nahegelegenen Dörfern, wo die Erbteile zu klein geworden waren und der Kinderreichtum zu groß, als daß alle Söhne und Töchter ihren Unterhalt hätten finden können – und also versuchten sie, in den sich gerade bildenden Industrieansiedlungen Remscheid, Solingen und Wuppertal sich als Industriearbeiter anstellen zu lassen. Der Lohn war niedrig, die Arbeit anstrengend und lang, zwölf Stunden bei schlechter Luft in stickigen Hallen voll giftiger Dämpfe bei großer Unfallgefahr, und schnell wurden Entlassungen ausgesprochen, denn es gab weit mehr Arbeitswillige als Arbeit. Wer Familie hatte, für den wurde wenigstens in geringem Maße gesorgt, gleichzeitig mußte er aber auch diese Familie ernähren – wer keine Familie hatte, verfiel leicht in Trunksucht und Streitereien. Die Alten, die diese Kämpfe hinter sich hatten, waren davon entweder gewitzt oder rappelköpfig geworden. Aber es gab auch Spaß, es gab Tanzfeste, Umzüge, es gab die Sonntage, an denen man aus dem engen Tal hinausfahren konnte, es gab Jahrmärkte. Auch Else ging hin, mit ihren Geschwistern oder mit dem Vater, und da begegnete sie den Freunden aus den Katen und Hütten wieder, zwischen den Buden mit der Riesendame oder dem Messerwerfer, und ließ sich von ihnen Süßigkeiten kaufen. Sie aß die selbstgemachten Reibekuchen, denen die erwachsene Else sogar ein Gedicht widmete, Essen der armen Leute, köstlich, wenn gut zubereitet, wie sie es aus den Pfannen der Arbeiterinnen gekostet hat.

Rauch aus unzähligen Fabrikschloten hing über dem engen Tal, aber der Wald war nah, mit Beeren, die die Kinder pflückten, hinter den Häusern gab es Gärten, voller Blumen im Sommer und im Herbst voller Früchte. Sie hatte Freundschaften mit anderen Kindern, die sich jedoch schwierig gestalteten, denn Else war schon damals sehr eigen. Als die Jüngste wurde sie in ihrer Familie ganz besonders verwöhnt.

Den gleichaltrigen Schulkameraden gegenüber erhob sie daher den Anspruch, sie sei mit mehr Bewunderung und mehr Zuneigung zu behandeln als alle anderen, und stieß damit natürlich auf Unverständnis, ja, auf Wut. Früh lernte sie Gewalt kennen, in einer Weise, daß ihre Eltern sie davor schützen mußten. Sie hatte diese Gewalt selbst provoziert – und wenn sie dann kam, galt sie gleich auch der Jüdin mit – «Hepp, hepp, Jerusalem ist verloren», muß es ihr immer wieder in den Ohren geklungen haben, wie die Schreie der Dorfkinder von Gesecke in «Arthur Aronymus». Aber das brachte sie nicht dazu, sich anzupassen. Im Gegenteil. Um so mehr fühlte sie sich auserwählt, um so mehr fühlte sie sich anders und besonders und wollte es sein. So wehrte sie sich gegen eine Gruppe von angreifenden Jungen, indem sie sich in einem Schrank versteckte. Als sie nach langem Warten die Tür aufriß, klemmte sich einer ihrer kleinen Feinde den Finger so sehr ein, daß das oberste Fingerglied dabei verlorenging. Unendliche Feindschaft von da an gegen sie, die in dem Schlachtruf «Franzos mit de rote Hos» gipfelte, weil sie ein rotes Höschen getragen hatte. Franzosen aber waren den Kindern des wilhelminischen Reiches der Erbfeind und Inbegriff des Bösen und mit den Juden im Bunde, denen sie doch die Gleichheit erstritten hatten.

Die Gründerzeit führte zu nahezu ungebremster Bautätigkeit, an der auch Elses Vater verdiente. Eiserne Türme und Brücken wurden überall errichtet, erhoben sich über das enge Tal mit dem Geflecht der immer kühneren Konstruktionen, schließlich, da war Else schon ein junges Mädchen, das schwarze Skelett der Schwebebahn, zu deren Einweihung der Kaiser selbst ins Wuppertal kam. Es herrschte Aufbruchstimmung. Alles strebte höher und höher hinaus. Gleichzeitig war im Wuppertal vom Leben nach dem Tode, vom Jenseits, vom «himmlischen Jerusalem» an allen Straßenecken in immer anderen Formen die Rede, – dieses religiöse Schwärmen der verschiedensten Religionsgemeinschaften war eben auch eine Ausflucht aus der düsteren Schinderei in den chemischen Fabriken oder den stahlverarbeitenden Betrieben, aus dem «Jammertal» des Wupperflusses. Und jede dieser religiösen Gemeinschaften hatte einen eigenen Friedhof – heute noch kann man sie finden, diese riesigen und die kleinen Wuppertaler Gräbergärten mit dunklen Bäumen und Steinen, großen Toren, mit ihrer erdenfernen Stille und der Nähe des Jenseitigen, die sie vermitteln, wenn man an ihnen entlanggeht oder durch sie hindurch.

Der schwarze Fluß in der Mitte, zumeist nicht tief, hat denn auch im Volksmund noch eine andere Dimension als die der Ader eines Industriegebietes: «Über die Wupper gehen» sagt man, wenn jemand das Reich der Lebenden verläßt und in das Reich der Toten eingeht.

Die Wupper ist dem griechischen Totenfluß Styx verwandt, nach dem Else ihre erste Gedichtsammlung nennen wird, «Styx», über den die Sterbenden in das Schattenland geführt werden, aus dem Orpheus Eurydike zurückholen darf, wenn er den Kopf nicht wendet – aber er sieht sich um, zu ihr oder zu den Schatten, zum Totenreich, jedenfalls wird sie ihm entrissen, und er muß allein zurück zu den Lebenden. Da finden ihn die Mänaden in seiner Trauer und zerreißen ihn, und die Teile seines Körpers wie seine Leier treiben den Fluß hinab. «Styx» also ist die Wupper, und die Wupper ist Styx, der Fluß der Toten, der von den Lebenden trennt. Orpheus, der Sänger, kann ihn durch die Kraft seines Gesanges überwinden – und findet doch seinen Tod in ihm.

Wer ist Else, als sie ihre ersten Gedichte «Styx» nennt? Ist sie selbst Orpheus in weiblicher Gestalt – oder ist sie eine Eurydike, die singen kann wie der griechische Sänger und die sich ihren Orpheus aus dem Totenreich holen muß? – Es gibt sonst wenig Bezüge auf die griechische Antike in ihren Versen, wie sie doch für die Dichtung des Kaiserreichs so typisch waren. Else ist Jüdin und will es sein.

Mit einer für das aufgeklärte Judentum des Kaiserreichs seltenen Intensität befaßt sie sich mit dem hebräischen Erbe. Sie stammt von Rabbifamilien ab – insofern ist es wahrscheinlich, daß die Szenen des Alten Testaments im Elternhaus oft zitiert wurden. Andererseits brachte die weltoffene und kultivierte Atmosphäre dort und die Vorliebe ihrer Mutter für die Weimarer Klassik Else auch mit der griechischen Überlieferung in Berührung, wie es sich für eine Tochter in einer deutschen Familie aus besseren Kreisen gehörte. Und als Deutsche sahen und verstanden sich die Schülers in allererster Linie, noch vor ihrem Selbstverständnis als Juden. Der Versöhnungstag war ihnen das wichtigste Fest. Versöhnung war ihre Hoffnung auf ein gleichberechtigtes Leben im kaiserlichen Deutschland, mit ihr würde es eine gemeinsame Zukunft mit den Deutschen geben.

Else, wie gesagt, wurde von Eltern wie Geschwistern verwöhnt. Der Vater, von ihr «der Juden Tyll Eulenspiegel» genannt, ein spielerischer, immer zu Scherzen aufgelegter Mann, steckte die schöne kleine Tochter mit dem intensiven Blick aus schwarzen Augen am liebsten in Jungenkleider, wollte einen Sohn aus ihr machen statt einer Tochter. Auch sie selbst wäre lieber ein Junge geworden, und so nimmt sie schon als kleines Mädchen eine männliche Identität an – die sie für ihr ganzes Leben behalten wird.

Sie ist Joseph, Israels geliebtestes und begabtestes Kind, der Erstling aus seiner Ehe mit Rahel, der Schönen, um die er, als er noch Jakob war, zweimal sieben Jahre dienen mußte. Joseph, den seine neidischen Brüder nach Ägypten verkaufen und dem Vater seinen blutgetränkten Rock vorweisen, um ihn glauben zu machen, ein wildes Tier habe den geliebten Sohn zerrissen. In Ägypten wird Joseph zum Traumdeuter und Berater Pharaos, dem er die sieben fetten und die sieben mageren Jahre prophezeit. Er bringt damit dem Land seines Exils großen Reichtum; schließlich kann er

Geburtsjahr 1869. Else Schüler, geliebte jüngste Tochter der jüdischen Wuppertaler Bankiersfamilie: «Mein Bruder erzählte mir immer wieder meine Lieblingsgeschichte von Joseph und seinen Brüdern und zeigte mir das Bild dazu, wie er verkauft wurde.»

aber auch die eigene Familie – die ihn zuvor verstoßen hatte – und damit das eigene Volk vor dem Verhungern retten.

Dies war von Anfang an Elses bevorzugte Geschichte. Der Lieblingsbruder Paul mußte sie ihr allabendlich erzählen, und die Mutter und der Vater erfanden immer neue Ähnlichkeiten zwischen ihr und Jakobs schönem und begabtem Kind.

Eine der frühesten Erinnerungen von Else ist, wie sie in der Knopfsammlung der Mutter, mit der sie gern spielte, einen schwarzen Knopf aus Jett mit goldenen Sternen bemalte, zum Joseph ernannte, vor dem sich die anderen Knöpfe verbeugen mußten. Eine andere Erinnerung, ebenfalls aus der frühen Kindheit, daß sie sich während eines Karnevals als Joseph verkleidet hat, mit Saffianstiefelchen, einer buntgemusterten seidenen Schärpe um den Leib und einer roten Weste, und daß sie so zu den feiernden Erwachsenen hinunterlief: «Ich bin Joseph!»

Die Mutter hat dann das Kind auf den Schoß genommen und in seiner Erregung beruhigt. Denn Else war leicht erregt, sie hatte eine beunruhigende Neigung zum Veitstanz, zur Epilepsie, der Krankheit, die als die Krankheit der Propheten gilt und der Antike heilig war. Aber die Anfälle setzten ein kleines jüdisches Mädchen in einer Elberfelder Volksschule Hänseleien und Quälereien aus, weshalb die verständnisvollen Eltern sie von der Schule nahmen und von nun an zu Hause erziehen und unterrichten ließen.

In Else Lasker-Schülers zweitem Theaterstück «Arthur Aronymus» wird die Epilepsie der Tochter Dore zum Auslöser einer Hexenjagd gegen die Juden, der ein katholischer Priester Einhalt gebietet. Sie hat also ihre Krankheit nicht nur als Zeichen prophetischer Auserwähltheit, sondern auch als Stigma begriffen. Schon als Kind muß sie Angst davor gehabt haben, dadurch ein Pogrom auszulösen. Sie muß gespürt haben, daß die Judenverfolgungen der Zukunft nicht allein die geistige und geistliche Besonderheit des jüdischen Volkes betreffen würden, sondern die körperlichen Gegebenheiten – die «Entartung» – die «rassische Unreinheit». Im kaiserlichen Deutschland, im Industrieort Elberfeld, im angeblich so toleranten Rheinland gab es latenten Antisemitismus, unter dem gerade das ungewöhnlich begabte kleine Mädchen zu leiden hatte, das mit seinen glühenden schwarzen Augen und mit seiner erschreckenden Krankheit, aber auch mit seinen eigenwilligen Einfällen auf seine Spielkameraden provozierend wirkte.

Das Gegenbild zu diesen traumatischen Erlebnissen müssen die literarischen Soireen gewesen sein, wie sie im Hause Schüler veranstaltet wurden. Beide Eltern hatten offensichtlich schauspielerische Begabung, der Vater eher in die komödiantische Richtung, die Mutter in die tragische. Als Gretchen hat sie die eigene Tochter erschüttert, während Aron, der Vater, in der Rolle des Mephistopheles durch intelligente und dreiste Komik unvergeßlich blieb. Wir wissen nicht, wer unter den Brüdern oder Gästen als Doktor Faustus zu hören war, aber schon das Kind Else war von dieser deutschesten aller literarischen Figuren so tief beeindruckt, daß die gealterte Dichterin aus dem Jerusalemer Exil ihr letztes Stück über sie schreiben wird.

In «IchundIch» verschmilzt der Gelehrte mit dem Dichter, Goethe und seine dichterische Erfindung sind *eine* Figur, in der sich das Beste und das Schlimmste der deutschen Seele verbunden haben, angefeuert von einem Mephisto, der die abgespaltene andere Seite dieser Seele ist. Das «Ich und Ich» des Deutschen erscheint in dieser doppelten Gestalt in einem großen Zirkus, der zugleich die Hölle ist und von Teufeln wie von Nazis bevölkert, von der wandernden ahasverischen Figur der Dichterin beobachtet, angeklagt, ausgelacht, gehaßt, geliebt und verachtet – also von ihr mit all jenen Gefühlen betrachtet, die sie in ihrem realen Leben einem Mann entgegengebracht hat, der auch ein Dichter war, ihr gleichrangig und wie sie einer der begnadetsten Lyriker des zwanzigsten Jahrhunderts, dessen Seele so gespalten war wie die ihres Faust, und zu dem sie eine leidenschaftliche Beziehung über ihr ganzes Leben gehabt hat wie zu keinem anderen in ihrem Leben, eine Beziehung, die ihrem Verhältnis zu Deutschland gleicht – dem Land, das ihr und ihrem Volk Heimat war und sie doch vertreiben und vernichten sollte.

Protestantische Kindheit.
1886–1900

Gottfried Benn stammt, wie viele deutsche Intellektuelle, aus einem protestantischen Pfarrhaus. Am 2. Mai 1886 wird er als Sohn des Pastors Gustav Benn und seiner Ehefrau Caroline geboren, und zwar in Mansfeld, Westpriegnitz, Preußen, auf dem Lande also, zwischen Birken- und Kiefernwäldern und stillen Seen, weit weg von den großen Städten, weit weg von den industriellen Zentren, die gerade um diese Zeit einen so rasanten Aufschwung nehmen.

Gottfried ist eben sechs Wochen alt, da bekommt der Vater durch die Protektion des Grafen Finckenstein-Trossin eine größere Pfarrstelle als die in Mansfeld; die Familie siedelt um nach Sellin, einem Dorf mit 700 Einwohnern in der norddeutschen Ebene – «großes Pfarrhaus, großer Garten, drei Stunden östlich der Oder». Das wird Gottfrieds «Kindheitserde, geliebtes Land». Das ist kein Elternhaus, in dem viel gelacht wird wie in Wuppertal, es ist auch keines, in dem Kunst und Kultur eine andere Rolle als eine erzieherische spielen – «in meinem Elternhaus hingen keine Gainsboroughs».

Aber ganz zweifellos nährt die Tatsache, daß seine Mutter aus der französischen Schweiz stammte, aus Yverdon in der Gegend von Neuchâtel, die Sehnsucht nach einem weniger kargen, lustvolleren Leben. Caroline Jecquier, mit 20 Jahren als Erzieherin, als *Mademoiselle* in die Mark Brandenburg verschlagen, sang ihren vielen Kindern französische Lieder vor: «les cloches sonnent, l'air en rayonne» und behielt den Akzent ihrer Heimat in der märkischen Fremde, unter dem kälteren Himmel. Nie wurde sie ganz dort heimisch, pflanzte auch dem kleinen Gottfried Bilder von schweizerischen

Weingärten ein, wo die Trauben in südlicher Sonne reiften. Dabei war sie einer bedrückenden Not entronnen. Drei ihrer Schwestern gingen wie sie als Erzieherinnen ins Ausland – nach Rußland, nach England, nach Frankreich –, und sie selbst kehrte ihr Leben lang nicht in die Heimat zurück. Ihr Sohn hat nur ein Gedicht auf sie geschrieben, das merkwürdig kalt und distanziert erscheint. Da sucht sie bei Jena Erholung und findet in dem Tal, auf das sie beim Schreiben einer Ansichtskarte hinuntersieht, einen Nachklang an die Rebenberge am Ufer des Lac de Neuchâtel. Das Gedicht ist nicht ohne herablassende Zärtlichkeit seitens des Sohnes geschrieben, wenn auch die Vermischung von «Mutter» und «Ahne» ein Frösteln verursacht. Dennoch ist es geradezu eine Liebeserklärung, verglichen mit dem Gedicht «Pastorensohn», der bösen Abrechnung mit dem Vater.

Welch ein Gegensatz zu der Liebe der Else Lasker-Schüler zu ihrem Vater, zu ihrer Mutter, zu ihren Geschwistern. Welch ein Gegensatz aber auch der Elternhäuser. Leistungsdrill, Bigotterie und Rücksichtslosigkeit müssen das Leben im Selliner Pfarrhaus bestimmt haben, dazu die Liebedienerei vor dem «verehrten Konsistorium», die Bettelei um Kollektengroschen hier und Stipendien für die Kinder da und die Benutzung der Frau als Zeugungsmaschine, bis sie krebskrank verkommt, woraufhin an ihre Stelle eine «neue Rippe» (d. h. eine neue Frau) tritt, für neuen Kindersegen und die zugehörigen Präliminarien zuständig.

....
Der Alte pumpt die Dörfer krumm
und klappert die Kollektenmappe
verehrtes Konsistorium,
Fruchtwasser, neunte Kaulquappe

In Gottes Namen denn, habt acht,
bei Mutters Krebs die Dunstverbände

woher –? Befiehl du deine Hände –
zwölf Kinder heulen durch die Nacht.

Der Alte ist im Winter grün
wie Mistel und im Sommer Hecken
'ne neue Rippe und sie brühn
schon wieder in die Betten Flecke.

Benn gibt mit diesen Gedichten über sein Elternhaus die empfangene Kälte zurück, und für sein Leben wird der sicher ursprünglich weiche und empfindsame Sohn dieses Vaters selbst von Kälte und Rücksichtslosigkeit gegen Frauen geprägt sein. Jedenfalls sieht er schon in frühen Jahren wenig Grund, seinen Vater zu lieben und zu ehren, nicht einmal, ihm zu gehorchen. Allerdings wäre Benns reiche und differenzierte humanistische Bildung ohne dieses preußische Pfarrhaus nicht denkbar. Vom Vater lernt er die Grundlagen des Griechischen, des Lateinischen, des Hebräischen, die Mutter bringt ihm Französisch bei. Darüber hinaus aber auch eine Strenge der Haltung, die er, wenn auch oft dagegen rebellisch, doch bis an sein Lebensende nicht abschütteln kann. Die Strenge provoziert Rebellion, und Gottfried Benn wird also zwischen Auflehnung und Gehorsam schwanken und dabei nach seiner eigenen Identität in der Entscheidung für das eine und das andere suchen, hin- und hergerissen und niemals ganz sicher, welcher Seite er zugehört.

Sein etwas aus der Art geschlagener Onkel Alfred mit dem Schlapphut, Mediziner, pflanzt ihm den Wunsch ein, Medizin zu studieren. Aber die «romanische» Abkunft seiner Mutter, aus der er seine Besonderheit ableitet, das «Mittelmeerische», wie er es nennt, bleibt sein Sehnsuchtsziel. Jecquier ist der Mädchenname seiner Mutter, ein Name, der sich von «Jakob» ableitet. In der späteren Beziehung zu Else Lasker-Schüler hat diese Mutter eine Rolle gespielt, in der die Dichterin eine doppelt Verwandte sah: auch Elses Mutter sprach ja Französisch – und wenn Benns Mutter gar jüdische Vorfahren gehabt haben sollte, hätte er über sie sogar zu Elses jüdischem Volk gehört. Diese Beziehungen und alle Spekulationen darüber wird er den Nazis gegenüber mit Nachdruck leugnen.

Dafür äußert der spätere Benn Stolz auf seine Herkunft aus dem protestantischen Pfarrhaus, das dem jungen so verhaßt war.

Es ist ihm klar, daß die Konzentration auf das Wort, besonders das gesprochene, das argumentierende, wie es Sonntag für Sonntag von der Kanzel kam und wie das Kind es von seinen frühen Tagen an hörte, sein sprachliches und denkerisches Vermögen in ganz besonderer Weise geschult hat, und immer wieder sieht er sich mit Stolz in einer Reihe von Abkömmlingen aus deutschen Pastorenhäusern, die das Geistesleben in Deutschland geprägt haben wie Nietzsche, Hölderlin und andere.

Und in Briefen, etwa an seine Schwester Ruth, finden sich Hinweise, daß das Leben im märkischen Pfarrhaus gar so freudlos nun auch nicht gewesen sein muß. Die Weite der Landschaft, in die der kleine Junge im Sommer eintauchte, ihre Seen und Wälder gaben ihm kindliche Erfahrungen von Wildheit und Unabhängigkeit, wenn er sich darin verlor. So brauchte er später den Dschungel der Großstadt Berlin, in dem er immer wieder allein herumstreifen mußte, um sich von seinem sonst so gezwungenen Leben zu befreien.

Die Welt seiner frühen Jahre ist ländlich und feudal geordnet. Ihr Zentrum sind die kargen, aber aus seiner kindlichen Sicht doch pompösen Landsitze der Adligen, wo sein Vater als Erzieher wirkte und wo seine Mutter, die schweizerische Gouvernante Mademoiselle Jecquier, Französisch unterrichtet hatte, bevor sie die Pastorenfrau Benn wurde.

Und dort wird dem kleinen Gottfried, wenn er mit den jungen Sprößlingen der preußischen Nobility spielen darf, gleich zweierlei klar: daß nichts auf der Welt so kostbar ist

Geburtsjahr 1886. Gottfried Benn, Pastorensohn aus Mohrin, dann Sellin im heutigen Polen: «Es waren die Söhne des ostelbischen Adels, mit denen ich umging, diese alten Familien, nach denen in Berlin die Straßen und Alleen heißen.»

wie blaues Blut, je blauer, desto besser, und daß man als mit gewöhnlichem rotem Geborener nur eines tun kann, um der begehrten Auserwähltheit so nahe wie möglich zu kommen: sich nämlich eine erstklassige Bildung zu erwerben und von der tadellosen Erziehung der Beneideten soviel wie möglich abzusehen. Ist nicht der Geheime Rat Goethe, eigentlich ein Bürgerlicher, doch als Dichter und vielfach Gebildeter in den Adelsstand erhoben worden? Hat er nicht seinem Doktor Faust die höchste aller Ehren zuteil werden lassen, die ein Mensch nur auf Erden und auf dem Weg der Unsterblichkeit entgegen erreichen kann? Dieser Faust geht seinen Weg aus deutschen Stuben und Hexenküchen hin über antikische Trümmer zur Vollendung. Eine humanistische Bildung ist es denn auch, die der des Griechischen und Lateinischen mächtige Vater dem Sohn nahebringen kann. Für einen protestantischen preußischen Pastor sind auch das Hebräische und das Alte Testament wichtig, und also werden Gottfried, der wie der Vater Prediger und Seelsorger werden soll, auch hier Kenntnisse vermittelt.

Das «Hohelied Salomonis» liest Gottfried, wie andere Jungen seines Alters und seiner Zeit, unter der Bettdecke, um sich an der verbotenen Sinnlichkeit zu berauschen, und auch die innige Geschichte von Ruth, der Ährenleserin, und Boas, dem Gutsherrn, um zarteren Vorstellungen von der Liebe zwischen Mann und Frau nachzuhängen, als die Ehe der Eltern sie vorführt.

Der beginnende imperiale Anspruch des deutschen Kaiserreiches verlangte auch eine zunehmend intensive Auseinandersetzung mit den blutrünstigen und lügenhaften Göttern der germanischen Mythologie. Für Odin und Thor, für Loki und Frigga existiert kein Gesetz außer dem der Fehde, des Kampfes, des Siegens, Verlierens und Zerstörens, das sich in immer neuen düsteren Zyklen vollzieht. In dieser Götterwelt ist alles erlaubt, was dem Stärkeren nützt, und der Untergang des Schwächeren ist nicht nur möglich, sondern nötig. Die darwinistische Theorie vom Überleben des Höherwertigen paßt sich diesem Walten einer scheinbar sinnlosen Auslese auf seltsame Weise ein – die Geschichten des germanischen Götterhimmels entsprechen, wie die Ergebnisse von Darwins Forschungen, einem brutalen Naturgesetz, das der Mensch nicht durchschauen kann. Mit diesen darwinistischen Theorien kommt der heranwachsende Gottfried Benn schon in der Gymnasialzeit, noch mehr bei seinem zukünftigen Studium in Berührung. Sie werden in allen seinen späteren lyrischen Arbeiten den eigentlichen Hintergrund bilden: Gottfried Benn wird das Walten der Geschicke als undurchschaubar, gewalttätig und tragisch empfinden. Die germanische Mythologie interessiert ihn wenig, der düstere und sinnlose Ablauf des Tötens und Getötetwerdens darin jedoch wird zentraler Inhalt seiner Texte, so im Oratorium «Das Unaufhörliche». Aus dieser Wahrnehmung einer Welt undurchschaubarer Gewalt begründet sich auch seine Hinwendung zu den Nazis, die er jedoch eigenartigerweise oft mit Beispielen aus der jüdischen Geschichte bedenken wird.

Dabei liegt hier der entscheidende Unterschied zum Denken des Judentums, wie es Else als Kind eben doch intensiver prägte als die Bilder der Kämpfe im germanischen Götterhimmel oder die naturwissenschaftlichen Beweise von den Siegen der Stärkeren über die Schwächern. Der «alte Bund» (= das Alte Testament) zwischen dem jüdischen Gott und seinem Volk beruht auf Gesetzen, die das Verhalten des Gläubigen Gott wie auch seinen Mitmenschen gegenüber regeln. Der jüdische Gott ist ein gerechter Gott – sein Zorn ist gerecht. Wenn der Mensch die Ursachen dieses Zorns nicht durchschauen kann, liegt das an seiner menschlichen Unfähigkeit, bedeutet aber keinesfalls göttliche Willkür. Der jüdische Gott kennt keine Willkür, und das jüdische Gesetz versucht diese auch für die menschliche Gesellschaft zu vermeiden. Je genauer und durchdachter das Gesetz ist, desto besser das soziale Zusammenleben, desto größer das Wohlgefallen, das der Herr an den «Gerechten» hat. Daher regelt der Talmud auch mit äußerster Genauigkeit alles, was sich im Tagesablauf, im Leben zwischen den Menschen regeln läßt. Es kann so keine Willkür, keine Unsicherheit geben, der Schwache ist vor dem Starken geschützt.

Die düsteren Herrscher der germanischen Himmel kennen von Götterdämmerung zu Götterdämmerung keine Grenzen in ihrem ständigen Streben nach gegenseitiger Vernichtung. Vernichtung scheint bei ihnen das einzige denkbare Ziel alles Lebenden zu sein. Deshalb ist ihnen jede Lüge, jede Untreue möglich, Verrat ein erlaubtes Spiel. Daneben existieren bei ihnen jedoch auch kaum begreifbare Zwänge zur «Treue», das heißt zur bedingungslosen Selbstaufgabe im Dienst einer wiederum gänzlich undurchschaubaren «Sache». Am deutlichsten wird dieses seltsame Spiel zwischen Treue und Untreue im Nibelungenlied, in dem ja zunächst einmal Brunhild getäuscht und belogen wird, was den Konflikt mit Kriemhild und Gunter erst bedingt, weshalb Siegfried, der aus «Treue» zu Gunter die Untreue an Brunhild begangen hat, getötet werden muß. Und aus «Treue» wiederum zu der nun schon gemeinsam gewordenen Sache des Tötens ziehen die Nibelungen an Etzels Hof und töten dort Etzels Kind, um dort selbst von Kriemhild getötet zu werden. Völlig sinnlos muß der jüngste Nibelunge, der schöne Giselher, mit den anderen in der Halle Etzels brennen – aus «Nibelungentreue» eben. «Nibelungentreue» wird auch die Begründung des Kaisers für den Eintritt Deutschlands in den Ersten Weltkrieg sein. Später, wenn es um Else Lasker-Schülers Namen für Benn – «Giselheer, der Barbar», «Giselheer, der Nibelunge», der «Heide» – geht, wird uns der Konflikt zwischen jüdischem und germanischem Denken auf vielen Ebenen begegnen.

Das deutsche Kaiserreich genoß bereits in den letzten Jahrzehnten des neunzehnten Jahrhunderts in vollen Zügen den eigenartigen Rausch, in der Nachfolge der germanischen Traditionen zu stehen. Recht und Gesetz gab es, beide wurden peinlich befolgt, aber sie erschienen schon eigenartig manipulierbar im Sinne der Bevorzugung der Starken und der Vernichtung der Schwachen.

Das Spiel der Diplomatie, von den preußischen Königen einst penibel und umsichtig gepflegt, geriet darüber in Vergessenheit – wichtiger wurden rauschhafte Vorstellungen von Triumph und Welteroberung.

Richard Wagners Musik, die großformatigen Bilder, die gewaltigen Bauten der Metropole Berlin mit ihren einschüchternd muskulösen Atlanten und Karyatiden, die vieltausend Tonnen schweren Denkmäler an allen schönen Aussichtspunkten des Reiches, von denen nicht wenige der germanischen Mythologie geweiht waren – alle diese Hervorbringungen des Kaiserreichs waren letzten Endes durchtränkt von Drohgebärde und Vernichtungssehnsucht – bis hin zu Nietzsches Beschwörungen des «Übermenschen», der größer und bedeutender ausfallen sollte als die normalen Sterblichen.

Das alte Preußen – vor der Gründung des Kaiserreichs – sah sich dagegen in griechischer Nachfolge. Griechische Trümmer stehen in den Schlössern der Könige zuhauf herum, die sie mitgebracht haben von ihren Kavaliersreisen nach Hellas, und Berlin, ihre Stadt, machten sie zum Spree-Athen. Hell und griechisch sollte ihr Land werden, ein Arkadien die Landschaft um ihre Schlösser. So dachten die Könige, so dachte der Adel, bis Bismarck kam und das alte Reich wieder aufbauen wollte, das im Mittelalter einmal das «Heilige Römische Reich Deutscher Nation» gewesen war, mit einem Kaiser an der Spitze. Zwar hatten die Franzosen nach der Revolution einen Kaiser gehabt und in der Jahrhundertmitte schon wieder einen, aber die Kaiserkrone gehörte doch eigentlich den Deutschen – und damit auch der Anspruch auf alles, was die anderen europäischen Länder inzwischen erworben hatten, Kolonien, Weltmacht.

Gottfried als Kind und Heranwachsender spürte die Auswirkungen jener neuen Dimension Preußens noch nicht. Weit draußen jenseits der Elbe war die Zeit stehengeblieben, und wie seine adligen preußischen Freunde in über hundert Jahren Geschichte vor ihm begeisterte er sich für die klaren und hellen Reste mediterraner Kultur, jenen zertrümmerten Teilen marmorner Götter und Halbgötter, wie sie die Bibliotheken und Kamine der märkischen Schlösser schmückten, in denen seine hochgeborenen Freunde lebten. Für die hochgeborenen Freunde begeisterte er sich auch. Wie gern wäre er gewesen wie sie. Er wollte nicht wie der Vater bloß Adlige unterrichten – er wollte ihnen näher sein, er wollte Offizier werden und Arzt, wie einige seiner Kindheitsfreunde: Sanitätsoffizier der preußischen Armee und damit schon fast geadelt. Zumindest würde er die gleichen Uniformen tragen, die gleichen Kasinos und die gleichen Vorlesungen besuchen. Das waren seine Überlegungen, während er dem Unterricht des Vaters entwuchs und nach Frankfurt/Oder aufs Gymnasium ging. Jedenfalls widersetzte er sich dem Wunsch des Vaters, Theologie zu studieren – wofür es kirchliches Protektorat und Stipendium gegeben hätte –, mit jahrelanger Hartnäckigkeit. Der Vater seinerseits blieb ebenso dickköpfig.

In seiner Gymnasialzeit ging Gottfried, wie alle jungen Männer aus besserem Hause – der Sohn eines Landpastors gehörte noch so gerade dazu –, in die Tanzstunde, und das Tanzen machte ihm Vergnügen.

Er knüpfte weitere Freundschaften und besang die Tanzstundenschönheit, die er neidlos dem Freunde gönnte, dem sie sich zugewandt hatte. Vielleicht war ihm das junge Mädchen aber auch einfach nicht gut genug.

Er fühlte sich den anderen überlegen, schon damals, er fühlte sich seiner Herkunft und seinen sozialen Verhältnissen überlegen. Deshalb war er auch damals schon Einzelgänger, in seinen Absichten schwer zu durchschauen. Sein Abiturzeugnis ist gut, aber nicht überwältigend, in Griechisch, Französisch, Physik und Mathematik bringt er es nur zum «genügend», aber immerhin zum «gut» in Religion, Latein, Geschichte, Erdkunde und Turnen, – das zusammen mit der Bescheinigung eines «guten Betragens» und «guter Kenntnisse» langt zur Befreiung von der mündlichen Prüfung.

Gottfried Benn hatte die Schulzeit über offensichtlich auf etwas anderes gewartet.

Aufbruch.
1882–1910

Abstammung, Herkunft – das bedeutet für eine junge Jüdin aus einer bürgerlichen Familie in Deutschland etwas ganz anderes. Sie gehört zum ältesten Volk der Welt, das, dem Alten Testament entsprechend, Gottes auserwähltes Volk ist. Sie stammt ab von einem jener zwölf Stämme, die sich als die Kinder Israel bezeichnen – jenes Israel, der seinen Namen von einem Engel Gottes selbst erhalten hat, und der Josephs Vater war. – Jakob, der sieben Jahre um Rahel geworben hatte und dann Lea zur Frau bekam, weshalb er noch einmal sieben Jahre um Rahel werben mußte. Deren Erstgeborener war Joseph, Israels geliebtes Kind, das nach Ägypten ins Exil ging und seine Familie mit allen Stämmen nach sich zog.

Elses Familie achtet die Gesetze des Alten Testaments und des Talmud.

Aber die Schülers fühlen sich doch auch als deutsche Familie, als Teil des aufstrebenden Unternehmertums jener Jahre und dem deutschen Kaiser untertan. Deutsch ist ihre Sprache, und nur zu Gebetszeiten an Festtagen ertönt das alte Hebräisch, das die Kinder des Aron und der Jeanette Schüler nur unvollständig lernen, aber doch lesen und schreiben können. Else versteht, daß sie sich von den deutschen Kindern unterscheidet und doch zu ihnen gehört. Sie lernt die Gesetze des Talmud wie die Verse aus Goethes «Faust», sie liest Heine und Brentano, damals noch moderne Autoren, und kennt sich in der Kabbala und ihrer geheimnisvollen Zahlenmystik und den Eigenschaften und Zuständigkeiten der Stundenengel aus. Die Schülers sind stolz auf beides, auf ihr «Deutschtum» und auf ihr Judentum. Sie sind stolz auf die Dichter und Philosophen des Landes, in dem sie leben, und auf die jahrtausendjährige Überlieferung des Volkes, dem sie angehören.

Jude sein bedeutet aber gleichzeitig, trotz aller versuchten Anpassung, in dem jetzt gewählten Land und in dieser Zeit Diskriminierung, wenn auch noch nicht Verfolgung. Es gibt auch in den Gründerjahren des deutschen Kaiserreichs Restaurants und sogar ganze Badeorte, in denen «Juden unerwünscht» sind. Die offizielle Politik allerdings betont die Gleichberechtigung der Juden:

Deutschland wurde durch die Französische Revolution zur Judenemancipation gedrängt, schreibt Meyers Konversationslexikon von 1876, nachdem diese bereits 1798 in den von Frankreich behaupteten deutschen Gebietstheilen erfolgt war, ward sie auch in Hessen (1808) Frankfurt (1811) in Baden (1808 und 1811) und in Preussen durch das Edikt vom 11. März 1812 durchgeführt. Trotz des Art. 16 der deutschen Bundesakte, welcher bestimmte, dass die Rechte der Bekenner Mosaischen Glaubens in Deutschland übereinstimend zu regeln sei, fand eine solche Regelung in den einzelnen Ländern nur langsam statt.

Die arrivierten Juden selbst schämen sich ihrer Identität, verstecken sie, versuchen, sich von den «Ost-Juden» abzuheben, von den Mittellosen, den sprachlich Ungewandten, jenen askenasischen Juden, die aus östlichen Ländern nach Deutschland strömen, wie sie sich um den Alexanderplatz und im sogenannten Scheunenviertel in Berlin sammeln – als alteingesessene den alten jüdischen Familien verwandt oder zugehörig, die schon der Große Kurfürst und Friedrich der Große nach Preußen geholt hatte, oder als sephardische Juden mit einer Abstammung aus dem iberisch-mediterranen Raum.Elses eindeutiges Bekenntnis zum Judentum war eine Seltenheit in ihrer Zeit. Die meisten Juden des Kaiserreichs wollten gar nicht als solche erkannt werden, sie wollten sich so weit als möglich assimilieren, sie übten Anpassung in einer Weise, die an Selbsterniedrigung grenzte.

Walther Rathenau, der spätere deutsche Außenminister,

beschreibt die angeblich schlechten Eigenschaften des jüdischen Volkes, dem er selbst angehört, mit einer Schärfe, die ihn später in antisemitischen Schriften zitierfähig macht, nennt sie einen «abgesonderten Menschenstrom von kaltblütig beweglichem Gebaren», dessen Heiterkeit «erzwungen» sei, der sich zwar «glänzend ausstaffiert» habe, aber eigentlich eine «asiatische Horde» bleibe, «kein lebendes Glied des Volkes, sondern ein fremder Organismus in seinem Leibe».

Die Frage des Blutes und der Abstammung sind in dieser Zeit nach Darwins Entdeckungen nicht nur in Deutschland, sondern im gesamten Europa Tagesgespräch. Die Vorstellung, kriminelle Anlagen seien vererbbar und daher durch Züchtung nach und nach ausrottbar, beschäftigt die medizinische Wissenschaft ähnlich intensiv wie die Suche nach Bazillen und Mikroben, nach Krankheitserregern, sowie nach Möglichkeiten zu ihrer Ausrottung. Die Wirkungen der Hygiene werden erkannt und erprobt, Sauberkeit erhält einen neuen Wert über den des Ästhetischen hinaus: sie wird zur bestimmenden Grundlage jeder Art von Gesundung.

Europa steht in der Hochblüte seiner kolonialen Macht, deren Grundlage der Glaube an die Überlegenheit der eigenen Nation über alle anderen Völker ist. Nationalismus erscheint als Selbstverständlichkeit auch in Frankreich und in Großbritannien, aber um so mehr in Deutschland, das sich seinen gleichberechtigten Platz neben den beiden dominanten Kolonialmächten des neunzehnten Jahrhunderts noch erkämpfen muß und damit Absatzmärkte, Rohstoffquellen, Arbeitskräfte, Anbauflächen für die Nutzpflanzen, von denen die sogenannten «Kolonialwaren» stammen. Die Rechtfertigung für die schamlose Machtgier des Abendlandes, und eben auch der deutschen Kolonialherren, liegt in der naturwissenschaftlichen, vor allem der medizinischen, und damit auch vermeintlich moralischen Überlegenheit.

All diesen Vorstellungen steht das überlieferte Bild, das

die Juden von sich selbst haben und das sie der Welt geben, entgegen. Die Kinder Israel, dieses internationalistische Volk, das sich nicht mit den Parolen von der arischen Herrenrasse verbinden läßt, weil es innerhalb aller drei kolonialen Führungsmächte wissenschaftliche, künstlerische und ökonomische Spitzenleistungen bringt, dabei aber in den verschiedenen Zweigen der Familie über die ganze Welt verstreut ist – es wird den Nationalisten zwangsläufig mehr und mehr zum Synonym für ein schädliches, zerstörerisches Element. Lange vor der Herrschaft der Nazis gibt es Hetzschriften, in denen die Kinder Israel mit Ratten oder Bazillen gleichgesetzt werden, gegen die die sogenannte «Volkshygiene» nur Ausrottung verlangen kann, um den «Volkskörper» «sauber» zu erhalten.

Eine Institution allerdings gibt es in der abendländischen Welt, die ähnlich internationalistisch gesonnen ist wie das Judentum: das ist die katholische Kirche. Für Elses Bruder Paul ist sie so faszinierend, daß er konvertieren möchte, wie vor ihm Felix Mendelssohn Bartholdy und unzählige andere Juden. Ist nicht sein Name «Paul» schon ein ganzes Programm – der Jude Saulus, vom Strahl der christlichen Erkenntnis getroffen, nennt sich ja auch «Paul» und wird der große Missionar des Christentums? Paul ist Elses Lieblingsbruder.

Er ist der erste von einer ganzen Reihe von Menschen, die sie sehr liebt und schon sehr früh verlieren muß. Er stirbt 1882. Da ist Else knapp dreizehn, nach ihrer eigenen Rechnung – die ihr Geburtsjahr 1876 ansetzt, – sogar erst sechs Jahre alt, also in jedem Fall noch ein Kind. Sein Tod ist ein tiefer Einschnitt in ihrem Leben. Danach ist die Familie, dieses Zentrum von Geborgenheit und Wärme, nicht mehr dieselbe. Sie ist zwar immer noch die Jüngste, aber es fehlt mit Paul die Brücke zu den anderen Geschwistern.

Acht Jahre nach Paul verliert Else ihre Mutter.

Dieser Verlust geht noch tiefer. Durch ihr gesamtes Werk geht die Erinnerung an die bisweilen schwermütige, aber immer liebevolle, kluge Frau, die Elses Kindheit behütet und das Talent der Tochter gefördert und genährt hat.

Ihren Tod erlebt Else als Volljährige, ihrer eigenen Zeitrechnung entsprechend ist sie aber erst vierzehn, also noch nicht erwachsen.

Von dieser Mutter, der Rabbinerenkelin Jeanette Kissing, wird Else bis an ihr Lebensende schreiben, von ihr hat sie das literarische Bewußtsein ebenso gelernt wie die tiefe und gleichzeitig weltoffene Religiosität. Mit der Mutter bringt Else die Städte Toledo und Venedig in Verbindung, südländische, mittelmeerische Orte, und hier wird eine Gemeinsamkeit zu Gottfried Benn liegen, für den der Gedanke an die Mutter auch immer mit der Vorstellung mediterranen Lebens verbunden war. Diese Mutter, von der sie Farben, Klänge und Bedeutungen der Worte ebenso erfuhr wie die prägende Josephsgeschichte, deren literarische Soireen ihr wahrscheinlich den Wunsch eingepflanzt haben, selbst Theaterstücke zu schreiben – sie lebt nicht mehr, und der Schmerz über ihren Verlust wird nie ganz besänftigt werden. Das Gedicht auf die Mutter, das bereits in Elses erster wichtiger lyrischer Publikation erscheint, läßt den tiefen Schock ahnen, den dieser Tod bei ihr ausgelöst hat.

Ein weißer Stern singt ein Totenlied
  In der Julinacht,
Wie Sterbegeläut in der Julinacht.
Und auf dem Dach die Wolkenhand,
Die streifende, feuchte Schattenhand
Sucht nach meiner Mutter.
Ich fühle mein nacktes Leben,
Es stößt sich ab vom Mutterland,
So nackt war nie mein Leben,

So in die Zeit gegeben,
Als ob ich abgeblüht
Hinter des Tages Ende,
    Versunken
Zwischen weiten Nächten stände,
Von Einsamkeiten gefangen.
Ach Gott! Mein wildes Kindesweh!
... Meine Mutter ist heimgegangen.

(Diese erste Fassung ist von ihr später mehrfach überarbeitet worden.)

Benn wird den Krebstod seiner Mutter ebenfalls als etwas Schreckliches erleben, vielleicht als zu schrecklich, um darüber ein Gedicht zu verfassen. Er wird dem Vater nicht verzeihen, daß er sich noch eine zweite Frau nimmt. Aber es gibt bei ihm auch keine Verarbeitung des Schmerzes im Gedicht, aus der sich ein Gefühl für die Frau, die seine Mutter war, ableiten ließe.

Als sich 1893 der aus dem Märkischen stammende Arzt Berthold Lasker in Elberfeld niederläßt und sich in die schöne und eigenartige junge Else verliebt, ist sie schnell bereit, sich mit ihm zu verloben, um wieder eine Familie um sich zu haben. Warum gerade ein Arzt? Vielleicht wollte sie ärztliche Hilfe für sich, wenn die epileptischen Anfälle wiederkommen sollten, unter denen sie als Mädchen gelitten hatte, die sie aber jetzt seltener heimsuchen. Große Sympathie jedenfalls scheint sie für ihn nicht gefühlt zu haben, wahrscheinlich warf sie ihm innerlich vor, daß er sie nicht verstand.

Aber die tolerante, spielerische Atmosphäre in ihrer Familie vor dem Tod der Mutter hatte sie sicher hoffen lassen, sie selbst könnte so etwas im eigenen Haushalt auch erzeugen. Es war schön, umworben zu werden, es war angenehm, den Ansprüchen der Gesellschaft zu entsprechen, nach denen ein junges Mädchen möglichst früh unter die Haube

Das junge Mädchen 1885. «An meine teure Mutter diese Zeile ... sie ist die Patin meiner beiden Hälftenteile» – wie Benn später sagen wird: «Das Jüdische und das Deutsche in einer lyrischen Inkarnation.»

zu kommen hatte. Und als auch der Vater nicht mehr lebt und Maximilian Moritz, mit dem sie wenig verband, das väterliche Bankgeschäft übernimmt, gibt es keinen Grund mehr, weiter in Elberfeld zu bleiben.

Der Sog der kaiserlichen Hauptstadt, der Weltstadt Berlin, erfaßt sie. Elses Schwester Anna heiratet den Opernsänger Max Lindwurm, der an der Berliner Oper engagiert ist, und geht mit ihm nach Berlin.

Auch Lasker drängt es nach Berlin, wo sein Bruder, der Schachweltmeister, lebt. 1894 verläßt Else mit dem angesehenen Arzt, der im feinen Bezirk Tiergarten Praxis und Wohnung genommen hat, das unvergeßliche Wuppertal als seine junge Ehefrau. Ihr Brautbild zeigt sie im Porträt, ohne Lasker – mit großen, ausdrucksvollen Augen sieht sie den Betrachter unter der Brautkrone an, mit einem strengen Ernst und dem Ausdruck großer Unabhängigkeit. Es ist zu erkennen, daß sie vieles im Kopf bewegt, wovon der Ehemann sich nichts träumen läßt. Sie hat nach jüdischem Ritus geheiratet, denn auch Berthold Lasker bekennt sich zu seiner jüdischen Abstammung und zu seinem jüdischen Glauben, wenn auch oberflächlicher als die Schülers.

Und nun also Berlin. In den letzten Jahren des neunzehnten Jahrhunderts. Die Salons der schönen Jüdinnen von Anfang und der Mitte des Jahrhunderts sind durch den beispiellosen Boom der Gründerjahre Attraktionen von vorgestern geworden, an deren Stelle sich immer lautere Zirkel gesetzt haben. In den Aktivitäten der Frau Jenny Treibel hat Fontane sie nachgezeichnet, und Heinrich Mann hat sie greller und schriller in seinem «Schlaraffenland» bloßgestellt.

Durchaus möglich, daß der Herr Doktor Lasker seine junge Frau zu solchen Abenden mitschleppte und sich hinterher staunend fragte, warum sie daran keinen rechten Gefallen fand, während er seinerseits hier und dort manche gutzahlende Patientin fischte. Nein, die schöne Else, allseits

15. 1. 1894: Else Lasker-Schüler als Braut. «In der Nacht bebte sie unter seinen Lippen, denn sie waren kalt wie die Grausamkeit und voller Gelüste.»

bewundert wegen ihrer glutvollen Augen und ihrer strengen und klaren Kleider, sie fand sich in der Rolle als Arztfrau nicht zurecht, in der sie die Aufgaben einer medizinisch-technischen Assistentin, dazu die der Köchin und Hausfrau, abends die der Gesellschaftsdame und bei Nacht die der zärtlichen Geliebten des Gatten hätte übernehmen müssen. Mit Fug und Recht konnte Lasker bald von ihr sagen, daß sie ihn vernachlässigte, ebenso wie den Haushalt.

Es fängt damit an, daß sie sich Unterricht im Zeichnen und Malen geben läßt, und zwar bei dem Maler Simon Goldberg, den sie Simson nennt – diese Bekanntschaft hat Berthold Lasker selbst vermittelt.

Für eine junge Frau in ihrer Position ist das Malen in den Mußestunden noch nichts Außergewöhnliches. Viele junge Damen der Gesellschaft dilettieren mit Wasserfarben, Rötel und Kreide. Daß sie dann ein eigenes Atelier haben will, ist schon weniger üblich, wird aber von Berthold Lasker akzeptiert, der seine junge Frau geliebt haben muß, sonst hätte er nicht soviel von ihr eingesteckt.

Er war durchaus ein Mann von Bildung und breitgefächerten Interessen, er hat sich sogar als Buchautor versucht. Das amateurhafte Spiel mit der Kunst schien ihm daher verständlich und verzeihlich – Elses wirkliche Verfallenheit an sie hatte katastrophische Folgen, jedenfalls für sein Familienleben. Elses Ambitionen ließen sich nicht als Feierabendvergnügen abtun, sie hat weitergehende Sehnsüchte nach Wahrheit, nach dem Spiel mit der Form, sie weiß, daß sie nicht stehenbleiben kann, wo sie hingestellt worden ist.

Sie bleibt also nicht in ihrem Atelier sitzen. Sie kümmert sich überhaupt nicht mehr um die Praxis ihres Mannes, und sein leibliches und gesellschaftliches Wohlergehen ist ihr ganz und gar gleichgültig. Die Erfahrung der ehelichen Liebe mit ihm faßt sie in das Bild des Otters, der die Schlange allabendlich fixiert, um ihr bei Nacht die Zähne in den Hals zu schlagen. Also kein Spaß, sondern ein angstbesetztes, lustloses Ritual, in dem sie zugleich die Unterlegene und die Beglückte zu sein hat.

Anderen Frauen ging es nicht besser, eher schlechter. Aber andere Frauen machten sich gar keine Gedanken darüber, ob es ihnen im Bett ihres Mannes gefiel oder nicht. Sie harrten aus, das gehörte sich so, und es gab auch keine Wahl, wenn sie nicht verstoßen in einer Dachkammer landen wollten wie Fontanes Effi Briest oder in noch unerfreulicheren Umständen.

Gerade vor diesen unerfreulichen Umständen hat Else jedoch nicht die geringste Angst, womit sie nicht nur Berthold Lasker, sondern sogar uns Heutige noch zu verblüffen imstande ist. Sie tut etwas, was zu dieser Zeit ein schockierender Skandal ist: Sie verläßt ihr Atelier wie den Haushalt des Berthold Lasker, schließt sich der Neuen Gemeinschaft «Die Kommenden» an, wo esoterisches und reformerisches Gedankengut aus allen Himmelsrichtungen in den Köpfen wabert.

Und dann steigt sie hinab in die Kneipen und Keller Berlins und läßt sich dort mit den ausgeflipptesten Figuren ein, zieht mit ihnen durch die Stadt und hängt mit ihnen hier und da in einer Weise herum, wie es sich sonst so leicht keine Frau der bürgerlichen Gesellschaft erlaubt hätte. Gehobene Stadtstreicher sind darunter, genialische Pilger auf den nächtlichen Straßen der boomenden Reichshauptstadt, die nach der Kunst für das kommende Jahrhundert suchen und bereits Bruchstücke von ihr vorweisen können, wie der große Vorläufer aller, die heute zur klassischen literarischen Moderne gehören, der gewaltige Peter Hille. Aber auch steckbrieflich gesuchte «Staatsfeinde» wie der schöne Johannes Holzmann sind darunter – heute würde man ihn «Terrorist» nennen. Ihnen gibt sie üppige, liebevolle Namen, und mit ihnen träumt sie sich in eine andere Welt, die hinter dem Blau des Zigarrenqualms und unter dem Spiegel im Rotweinglas liegt.

Und obendrein fängt sie an, Gedichte zu schreiben und öffentlich vorzutragen. Gedichte, die nicht etwa vom nahenden Lenz und seinen bescheidenen Veilchen handeln, sondern aggressiv-erotisch sind, so daß sie nicht nur sich selbst, sondern auch den Arzt und Gatten in Mißkredit bringen, weil sie von glühenden Lippen und Armen «wie Flammen» handeln und die männlichen Ansprechpartner auffordern, mit ihr «nach Granada» zu ziehen und in die Sonne, aus der ihre «Gluten stammen». Das liest kein Ehemann gern, der von diesen – wenn auch fiktiven – Exzessen ausgeschlossen ist, und er wünscht auch begreiflicherweise nicht, daß seine Patienten so etwas von seiner Frau lesen – weshalb Elses Gedichte vorerst nicht veröffentlicht werden.

Einige ihrer neuen Bekanntschaften, zum Beispiel der in der Esoterik von Indien, Persien, Ägypten und der Kabbala bewanderte Rudolf Steiner, der nachts Gesichte haben soll, mögen noch halbwegs akzeptabel sein, da sich sogar einflußreiche Industrielle für sie verwenden. Der mit zwei Säcken voller Zettel von Kneipe zu Kneipe ziehende selbsternannte Fürst der Bohème, Peter Hille, an dessen Fersen sich Else heftet, den sie «Sankt Peter Hille» nennt und für den sie «Tino von Bagdad» ist, kann kein Umgang für eine respektable Arztfrau sein, und sei der betroffene Ehemann noch so tolerant. Die Gesellschaft, in der er praktiziert, ist es jedenfalls nicht.

Dreierlei hätte Berthold Lasker tun können: mitziehen – dann hätte er seinen Arztberuf aufgeben müssen – aber hätte Else ihn überhaupt neben sich gewollt? Alles von ihr ertragen, bis sie zurückkehren würde – eine andere Frau hätte dies Leben in Kellern und Kneipen eines Tages erschöpft, sie jedoch nicht. Oder ein Einsehen in die Unvereinbarkeit seines und ihres Lebens haben und sie ziehen lassen. Nichts anderes blieb ihm letzten Endes übrig.

Die Ehe kracht und bricht zusammen, ohne daß die junge Frau auch nur im mindesten Reue zeigen würde, und schon gar nicht siecht sie an den Folgen der Trennung hin, wie Fontanes doch etwa gleichzeitig lebende Effi Briest. Im Gegenteil.

Else ist untreu, dem Berthold Lasker, – sie ist treu, sich selbst.

Sie legt sich offensichtlich einen Liebhaber zu, wie sie behauptet, einen jungen Griechen, den sie Alkibiades nennt und von dem es heißt, er sei Matrose oder Prinz oder beides. Neuesten Forschungen nach könnte es sich um Johannes Holzmann gehandelt haben, Elses «Senna Hoy» (= Johannes von rückwärts gelesen), der in der Tat eine erstaunliche Ähnlichkeit mit Elses Sohn Paul hat. Else, die schon damals aus ihrem Leben ein Kunstwerk macht und scheinbar mit allergrößter Bereitwilligkeit alle Leidenschaften veröffentlicht, schweigt sich über die Identität des Kindsvaters aus. In der Geburtsurkunde von 1899 steht allerdings Berthold Lasker als Vater eingetragen, und sie selbst hat den Namen Lasker in ihrem eigenen behalten bis ans Ende, obwohl sie nach der Scheidung von Lasker eine weitere Ehe (mit Georg Levin = Herwarth Walden) eingegangen ist. Dennoch: von Pauls Geburt an wie zu der Zeit, als sie Giselheer, den Nibelungen, trifft und schon der Prinz von Theben ist, und auch später wird sie den Doktor Benn und alle Welt glauben machen, der Vater ihres Sohnes Paul sei ein spanischer Prinz gewesen.

Eines ist dabei sicher, sie wollte Paul nicht teilen, mit niemandem, ihr Kind sollte ihr gehören, wie ihr ihr Leben gehörte, und das mag für den Sohn auch nicht immer leicht gewesen sein. Sie ist schwanger, erklärtermaßen nicht von ihrem Mann, den sie ohnedies nicht mehr sieht. Und als Lasker daraufhin jede Unterstützung streicht, lebt Else eben von der Hand in den Mund, sie bettelt sogar, woraufhin Lasker wie auch ihre Familie Versuche unternehmen, ihr doch etwas zukommen zu lassen. Aber da verweigert sie sogar die ihr angebotenen Hilfen.

Allein sucht sie sich eine Klinik, in der sie mit den ärmsten Frauen Berlins zugleich entbinden kann, mit Straßenmädchen und Prostituierten. Die Entbindung ist eine sogenannte Demonstrationsgeburt, das heißt Studenten dürfen dabei zusehen, und die Unterbringung bezahlt sie damit, daß sie dort die Fußböden schrubbt. Sie ist zu stolz, um von Lasker oder ihrer Familie Geld anzunehmen – aber sie ist sich nicht zu schade, um mit den Ärmsten, den Ausgestoßenen, dem stinkenden Abschaum der Weltstadt, die harten Lebensbedingungen ganz unten zu teilen.

Es handelt sich um eine Universitätsklinik, in der junge Ärzte ausgebildet werden, die hier Geburtshilfe lernen. Einige Jahre später wird der junge Gottfried Benn in einer solchen Klinik die ersten Schritte in die medizinische Praxis tun. Und er wird über die Zustände dort ein Gedicht schreiben, das die Vorgänge, die Else selbst nie beschrieben hat, in einem realistisch-kalten Licht darstellt. In ihrer ersten Würdigung Benns nimmt sie genau darauf Bezug. «Leiden reißen ihre Rachen auf», schreibt sie einleitend vor dem Gedichtzyklus «Gottfried Benn» über seine Verse, «Kirchhöfe wandeln in die Krankensäle und pflanzen sich vor die Betten der Schmerzensreichen an. Die kindtragenden Frauen hört man schreien aus den Kreißsälen bis ans Ende der Welt».

Saal der kreißenden Frauen.

Die ärmsten Frauen von Berlin
– dreizehn Kinder in anderthalb Zimmern,
Huren, Gefangene, Ausgestoßene –
krümmen hier ihren Leib und wimmern.

Es wird nirgends so viel geschrien.
Es wird nirgends Schmerzen und Leid
So ganz und gar nicht wie hier beachtet,
Weil hier eben immer was schreit.

Else verweigert auch weiter die Anpassung an Normen, die sie sich selbst nicht gegeben hat. Da sie immer noch keine Verbindung zu ihrem Mann oder ihrer Familie aufnehmen will, zieht sie nun mit dem Säugling, dann mit dem Kleinkind und heranwachsenden Jungen von Kneipe zu Kneipe, von Café zu Café, und übernachtet mit ihm in Pensionen, für die sie Pfennige bezahlt. So geht sie dem neuen Jahrhundert entgegen.

Was sind die künstlichen oder die exotischen Paradiese ihrer männlichen Zeitgenossen gegen diese freigewählte Existenz?

Bis heute hat es ihr niemand gleichgetan.

Else schreibt, Else malt, und irgendwie kommt auf die eine oder die andere Weise das Geld zusammen, mit dem sie sich und ihr Kind über Wasser hält, und ihre kompromißlose Erscheinung beginnt aufzufallen. Ihr erster Gedichtband «Styx» erscheint (1902), der bereits das zeitlose Talent dieser größten deutschen Lyrikerin des anbrechenden Jahrhunderts erkennen läßt.

Mit Peter Hille geht sie auf Wanderung, ob tatsächlich durch Deutschland oder eigentlich nur durch Berlins nächtliches Leben, ist nicht ganz zu erkennen. Sie lernt Gerhart Hauptmann und Richard Dehmel kennen und wird plötzlich ernst genommen, sie ist eine – wenn auch nur den Eingeweihten vertraute – Größe der Avantgarde.

Ihr kleiner Sohn Paul scheint sie bei all ihren Streifzügen begleitet zu haben. Die schwer oder gar nicht beheizbaren Kellerlöcher und Dachböden der Pensionen, wo sie mit ihm haust, sind allenfalls zum Schlafen gut. Else gewöhnt sich an, ihr Leben tagsüber da zu verbringen, wo sich die literarische Börse befindet, wo sie im engsten Kontakt mit den Verlegern und den Kritikern ist: im «Café des Westens», im Volksmund «Café Größenwahn» genannt. Dort sind alle zu finden, die sich für Genies halten oder sich so kleiden und geben, als wären sie welche. Den «Wasserkakau», den sie sich gerade noch leisten kann, serviert dort jener legendäre rothaarige Kellner Richard, der mehr von Literatur verstanden haben soll als alle Literaten zusammen, und der oft für Frau Lasker-Schüler und ihren kleinen Paul heimlich selbst die Zeche beglich.

Im April 1903 läßt sie sich vom «Otter» Berthold Lasker scheiden; wahrscheinlich kennt sie ihren zukünftigen Mann Georg Levin bereits, und zwar aus dem Troß Peter Hilles – im «Peter-Hille-Buch» taucht er als «Goldwarth» auf. Sie wird ihm den Namen geben, mit dem er in die Kunstgeschichte der Moderne eingegangen ist: Herwarth Walden. Möglicherweise stammt die Inspiration zu diesem Namen aus Elberfeld, wo eine Querstraße zu der Sadowa-Straße, in der die Schülers wohnten, Herwarth-Straße heißt. Da fing der Wald gleich hinter dem Haus an. «Goldwarth» war Pianist, hatte bei Conrad Ansorge studiert, war als Liszt-Stipendiat nach Florenz gegangen und von dort als Komponist zurückgekehrt. Zunächst vertont er Elses Gedichte, sie verwendet sich jedoch auch bei anderen anerkannten Dichtern für ihn, so bei Richard Dehmel.

Im November 1903 heiraten Else Lasker-Schüler und Georg Levin bzw. Herwarth Walden, dessen großes Organisationstalent sich schon bald gegen seine übrigen zahlreichen Begabungen durchsetzt. Mit der prophetischen Sicherheit, die ihr ein ganzes Leben lang treu bleiben wird, spürt sie seine wahre Berufung auf: unter dem Namen Herwarth Walden gründet er schon im April 1904 den «Verein für Kunst», aus dem die spätere Zeitschrift «Der Sturm» und die gleichnamige Galerie hervorgehen, die entscheidenden Orte für die Entstehung und Verbreitung des literarischen und malerischen Expressionismus.

Berlin um diese Zeit ist in einem großen Aufbruch begriffen. Die Hauptstadt des deutschen Kaiserreichs schickt sich an, Anspruch auf Weltmarkt und Weltmacht zu erheben. Protzig und vulgär ist der Geschmack der Reichen, säbelklirrend und arrogant der Machtanspruch des Heeres, das auf den Straßen und Plätzen wie in den zahlreichen Parks ständig anwesend ist. An Else, ihrem Kind und an Herwarth rasen die Karossen vorbei, und die berittenen Offiziere der kaiserlichen Armee haben eher Spott als Galanterie für die dunkelhaarige und schwarzäugige Schönheit, ihren kleinen Sohn und den langhaarigen blondlockigen Begleiter. Aber die, die sie nahe kennen, wie ihr Freund, Lehrmeister und Bewunderer Peter Hille, wissen, wer sie wirklich ist und ernennen sie als «Prinzessin Tino von Bagdad» zur Herrscherin in einem geträumten morgenländischen Reich.

Solche Reiche kündigen sich in nie dagewesener Pracht und sinnlicher Fülle auf den Bühnen Berlins an, wenn wenige Jahre später Serge Diaghilew dort mit seinem russischen Ballett gastiert.

Else muß diese «Scheherazade», diese «Kleopatra» gesehen haben, denn Bilder und Figuren daraus füllen ab 1910 ihre Romane und Gedichte, ihre Zeichnungen und ihre kurzen Schriften. Insbesondere ihr Kurzroman «Die Nächte der Tino von Bagdad» ist wie von den «Ballets russes» inspiriert. Einzelne der geträumten Figuren scheinen direkt von Diaghilews Bühne zu kommen: Osman, der schwarze Sklave, von dem Prinzessin Tino sich vorstellt, daß er sie zu ihrem Schutz in den nächtlichen Straßen Berlins begleitet, ebenso wie die wollüstigen Tänzer und Tänzerinnen aus ihrem Hofstaat.

Zweifellos haben diese Gastspiele auf die europäische Kultur jener berauschten Jahre nach der Jahrhundertwende, als der Erste Weltkrieg noch in einer undenkbaren Zukunft zu liegen schien, einen außerordentlichen Einfluß gehabt, und Else wurde von ihnen in ihrer morgenländischen Identität ganz besonders bestätigt. Tanz ist für sie ohnedies wichtigstes Ausdrucksmittel, und sie trägt ihre Gedichte, von Trommel und Flöte begleitet, tanzend vor.

1905 erscheint ihr zweiter Gedichtband, «Der siebente Tag». Langsam wird sie eine Berühmtheit. Schon ist sie stilsicherer als im «Styx», gleich mehrere Gedichte dieser Sammlung haben den großen Atem, die Einfachheit und die Intensität, die ihre Lyrik unsterblich machen wird.

Die Literaten jener Jahre fanden Vergnügen daran, sich als «Gegenkaiser» feiern zu lassen. Sie hatten um sich den Hofstaat ihrer Bewunderer als eine Art geistiges Gegen-Reich, in dem weniger die materiellen Güter des immer pompöseren Kaiserreichs als vielmehr Innovation und Phantasie zählten. Richard Dehmel, Gerhart Hauptmann, Stefan George, auch Rilke waren solche Gegenkaiser – und auch unsere «Tino von Bagdad» war eine Herausforderin des prätentiösen Wilhelm II. mit seinem gewichsten Schnurrbart, aber viel spielerischer und clownesker als die genannten männlichen Päpste des geschriebenen und gedruckten Wortes. An ihrem Hof zählte allerdings nicht das Wort allein, sondern auch Farbe und Form, der malerische Ausdruck, in dem sich das neue Jahrhundert noch offensichtlicher zu erkennen gibt als in der Literatur.

Von Paris her kamen die Inspirationen, die in München und Dresden aufgenommen und in Berlin umgesetzt wurden. Dort waren die Impressionisten von Tschudi, dann von Paul Cassirer ausgestellt worden. Und nun also der Expressionismus, die Kunst des Ausdrucks, der Beitrag Deutschlands zur klassischen Moderne, während in Paris der Kubismus begann. So wurde die «Brücke» 1905 in Dresden gegründet und kam 1911 nach Berlin, fast gleichzeitig mit dem in München beheimateten «Blauen Reiter». Delaunay mit seinen Kirchenfensterfarben inspirierte Franz Marc und

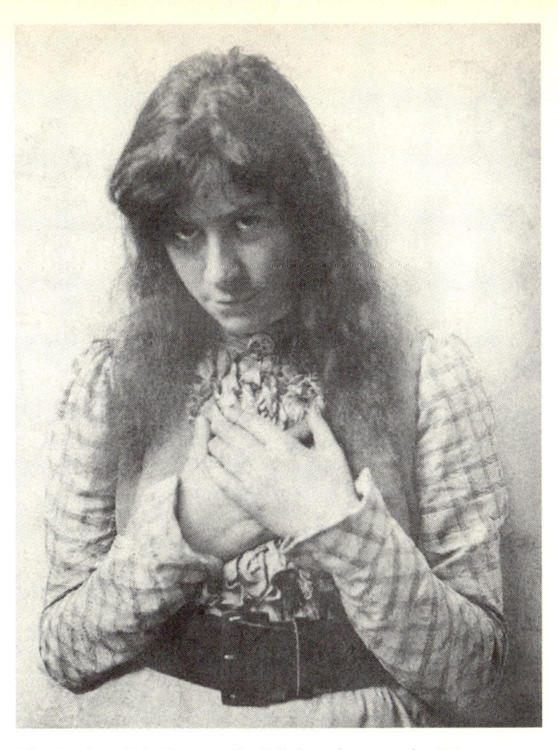

Else Lasker-Schüler um die Jahrhundertwende. Die ersten Schritte in die Unabhängigkeit. Ein eigenes Atelier, Ausbruchsversuche, und schließlich ein Kind, das sie ganz ohne Unterstützung – auch der der Familie oder des Mannes – zur Welt bringt. Und dann: Leben im Kellerloch, in Kneipen – und der Aufbruch in den Mut zur eigenen Begabung. Foto von 1905.

Kandinsky, aber auch Chagall, der damals in Deutschland malte, Kokoschka, Jawlensky, Gabriele Münter, später auch Beckmann, Kirchner, Schmidt-Rottluff, Heckel. Sie zerbrachen die herkömmliche Vorstellung vom Bild als Abbild und suchten nach dem reinen Ausdruck in und hinter den äußeren Erscheinungen, nach der reinen Farbe und ihren meditativen Qualitäten, nach der Überwindung aller gegenständlichen Formen.

Else entwickelte geradezu einen sechsten Sinn für diejenigen, die in der Kunst den Weg der Zukunft gingen. Untrüglich ihr Instinkt für alle, die uns heute als die großen Maler dieses Jahrhunderts gelten. Damals schien es eher ein Instinkt für Skandal und Erregung öffentlichen Ärgernisses. Denn selbst fortschrittliche Kritiker und Käufer, die sich noch mit den Sezessionisten hatten anfreunden können, taten diese Bilder als bloßes Geschmiere ab, und Wilhelm II. äußerte allerhöchstes Mißfallen. Und doch, aus den drei zerzausten Bewohnern der Cafés und Kneipen – aus Else, Herwarth und dem Kind Paul – wurden in wenigen Jahren tonangebende Figuren der damaligen Avantgarde Berlins.

Elses Ehe mit Georg Levin alias Herwarth Walden, die, da er ebenfalls Jude war, in aller Eile in der Synagoge an der Oranienburger Straße geschlossen wurde, entsprach bürgerlichen Vorstellungen von einem Lebensbunde nicht. «Nur als Bigamie» war die Devise, und Else wie Herwarth nahmen sich also das Recht, sich täglich neu zu verlieben. Zumindest Else glaubte zunächst mit großer Hingabe und Überzeugung an diese Ehe. Aber das täglich neue Verlieben – in immer andere Sterne des literarischen oder theatralischen oder malerischen Himmels des nächtlichen Berlin gleich nach der Jahrhundertwende – hatte anstrengende Seiten, unter denen auch Else zunehmend zu leiden begann. Hierzu Alfred Döblin aus der Rückschau 1948: «Walden, mit seinem Spürtalent, hatte die große Begabung der jungen Frau erkannt, aber ihr Temperament, wie mir scheint, nicht mit derselben Sicherheit. Ich wohnte heftigen Szenen zwischen den beiden bei. Sie war leidenschaftlich und unbändig. Es hat lange gedauert, bis sie sich trennten.»

In jedem Fall galt für Herwarth und Else vorerst eins: sie brauchten einander und machten sich gegenseitig berühmt.

Stud. med. Benn.
1900–1910

Gottfried Benn ist – nach einer Schwester – der erstgeborene Sohn, der Älteste einer siebenköpfigen Geschwisterschar. Er ist unnahbar und dickköpfig. Sein Vater zwingt ihn, in Marburg Theologie und Philologie zu studieren. Aber Gottfried verbummelt das Studium, und die Rüge des Vaters kontert er mit Seelenruhe: «Vater, laß mich Medizin studieren, dann werde ich auch arbeiten.»

Aber ein Medizinstudium war zu teuer, außerdem sah der Vater seinen Ältesten als seinen Nachfolger, und die Kombination Philologie mit etwas Theologie war schon ein Kompromiß gewesen, ausgehandelt von der besänftigenden, schlichtenden Mutter. Dennoch setzt Gottfried sich schließlich durch. Zunächst damit, daß er sein Studium vernachlässigt. Aber dann findet er einen Weg, gegen den der Vater nichts ausrichten kann: er trifft sich mit seinem Frankfurter Schulkameraden und langjährigen Selliner Freund Heinrich Graf von Finckenstein im pietistischen Blumhardt-Kreis in Bad Boll, und von jetzt an beugt sich, wie es scheint, der Vater einem unwiderstehlichen Einfluß, in dessen Folge Gottfried vom Marburger Studenten für drei Semester zunächst zu einem der philologischen Fakultät Berlin wird – auch dies nur eine Zwischenstufe zum Studium der Medizin – jedoch eine entscheidende.

Ausgerechnet durch eine Rezension der Gedichte des Freundes und Entdeckers von Else Lasker-Schüler, Peter Hille, erfährt Benn sein Erweckungserlebnis zum Dichter. Peter Hille ist 1904 durch einen Blutsturz an Tuberkulose gestorben, und der Rezensent Carl Busse, ein Freund der «Neuen Gemeinschaft», beurteilt 1905 Hilles dichterisches

Der achtzehnjährige Student Benn in Marburg. Haß auf den Vater, der ihn wider Willen Theologie studieren läßt. Durch Vermittlung seiner adligen Gönner kann er dann doch Medizin studieren – in Berlin, an der kaiserlichen Militärakademie. Foto von 1904.

Werk. Brieflich fragt bei ihm der Berliner Student Benn an, ob er das Recht hat, die Berufung zu «Künstlertum und Künstlerseele», die er in sich fühlt, gegen die feindlichen Voraussetzungen von Elternhaus und Herkommen auszuleben. Hieran lassen sich Vermutungen anschließen: daß der junge Benn sich bereits damals in Else Lasker-Schülers Kreisen, wenn auch von weitem, bewegt hat.

Wahrscheinlich hat er bereits zu dieser Zeit die eigene lyrische Begabung erkannt, er hat, wie Else, den großen Anreger Peter Hille als Mentor gesucht, ihn aber nicht mehr gefunden, da er nicht mehr am Leben war. Dann könnte er Else Lasker-Schüler, die anerkannt bedeutendste Schülerin des bewunderten Hille, im Café aufgesucht haben, wo sie leicht zu finden war. Sie wird ihn ermutigt haben, weiter zu schreiben, weiter an dem zu arbeiten, was er ihr vorgelegt hatte. Beide könnten bereits damals jene erotischen Beziehungen zueinander gehabt haben, wie sie in den «Nächten der Tino von Bagdad» vorgeträumt werden – ob nur als Vorstellung oder auch real, mag dabei offenbleiben. Die Tatsache, daß Else eine gefeierte Künstlerin war, verheiratet mit dem tonangebenden Galeristen der Zeit, hätte zunächst bei beiden gewisse Schranken gesetzt, die sie zwischen der Öffentlichkeit und ihrer Beziehung aufrichteten. Jedenfalls erkannte der junge Benn in dieser Zeit, daß in ihm mehr als ein x-beliebiger Pfarrer, Lehrer oder Mediziner steckte, und er suchte seine Inspiration dort, wo Else sie gefunden hatte. Es bleibt eine zumindest geistige Nähe der ersten Stunde, die vor der bisher angenommenen ersten Begegnung liegt.

Und also kommt bei Benn die Erfüllung des mit so viel Energie durchgesetzten Wunsches zum Medizinstudium eigentlich zu spät.

Ja, jetzt ist er Student des elitären medizinischen Institutes der «Pépinière». Und er ist kein schlechter Student – allerdings ist er auch nicht so brillant, wie man von jemandem annehmen sollte, der seit seiner Kindheit für die Erfüllung seines Berufswunsches gekämpft hat. Aber in seinem Kopf ist eigentlich schon nicht mehr der Arztberuf das Ziel seines Lebens.

Er ist nicht mehr der, der er war. Eine Umwälzung findet in ihm statt, in der die alten Werte nichts mehr gelten, aber er verschweigt sie, er trägt sie nicht nach außen. Er entwickelt in diesen frühen Jahren einen Schutz, den er für alle Zukunft beibehalten wird: er kapselt sich ab, er bleibt verschlossen, abgesondert von den Vergnügungen der anderen, er macht sich nicht gemein mit ihnen, nicht einmal mit den adligen Freunden.

An der «Kaiser-Wilhelm-Akademie für das militärärztliche Bildungswesen», der «Pépinière» in Berlin, wird damals der sanitätsdienstliche Nachwuchs für das preußische Heer ausgebildet. Die besten Professoren lehren hier.

Benn erhält 1910 für eine Arbeit über Pubertäts-Epilepsie eine Goldmedaille; mit seinen übrigen medizinischen Arbeiten ist er eher durchschnittlich. Sollte er von Elses Neigung zur Epilepsie schon gewußt haben, die Arbeit gar im Hinblick auf sie geschrieben haben? Jedenfalls hat die Krankheit ihn fasziniert.

Epilepsie
(Griechisch: Angriff), Fallsucht, böses Wesen
Die E. besteht aus mehreren Anfällen oder Paroxysmen. Der epileptische Anfall wird bei manchen Kranken regelmäßig oder doch gewöhnlich durch eine sogenannte Aura eingeleitet, d. h. der Kranke hat die Empfindung, als ob er angehaucht würde, und diese Empfindung steigt von den Händen oder Füßen nach dem Kopfe zu auf und geht sogleich in den Anfall selbst über. Den Ausbruch des Anfalls, mag demselben eine Aura vorausgegangen sein oder nicht, bezeichnet gewöhnlich ein greller Schrei, mit welchem der Kranke plötzlich besinnungslos zu Boden stürzt. («Medizinisches Wörterbuch» Leipzig 1909)

Jedenfalls muß der Student der Medizin Benn neben seinen wissenschaftlichen Niederschriften in diesen Jahren viel von dem zerrissen, viel vernichtet haben, was als seine ersten lyrischen Versuche gelten könnte, die er noch nicht der Öffentlichkeit präsentieren wollte. Er muß die ersten Ausgaben von Herwarth Waldens Zeitschrift «Der Sturm» gelesen, sich mit den dort abgedruckten ersten expressionistischen Gedichten beschäftigt haben – vor allem mit denen der Else Lasker-Schüler, für deren Lyrik er sein Leben lang Bewunderung empfindet.

Die Erfahrungen des Medizinstudiums wirken verstörend auf ihn. Ihn erregen weit mehr als seine Mitstudenten die Sektionen in der «Morgue», dem Leichenschauhaus, dem Ort also, wo zur Feststellung der Todesursache oder zum anatomischen Studium und der Vorbereitung auf die Chirurgie Leichen zerschnitten werden. Die meisten Toten hier gehören zu den Ärmsten der Armen. Es sind Prostituierte darunter, die sich ertränkt haben oder von ihren Zuhältern oder Freiern umgebracht wurden, Bierkutscher, Hilfsarbeiter, die durch einen Unfall starben, Obdachlose, die sich zu Tode getrunken haben – das ganze Elend der Armen in den östlichen Wohngebieten von Berlin, aus Zilles Milieu, wird in diesen zerfetzten Körpern erkennbar, die Benns Messer zerteilen muß. Benn entsetzt sich angesichts dieser realen Berührung mit dem Tod – er entsetzt sich, aber er wird nicht routiniert, nicht kalt davon – im Gegenteil: wo der Mensch in seiner Qual verstummt, gab ihm ein Gott zu sagen, was er leidet, könnte man, Goethes «Tasso» zitierend, über ihn und sein Erlebnis der über zweihundert Sektionen sagen, an denen er widerwillig und fasziniert teilnahm.

«Er steigt in die Gewölbe seines Krankenhauses und schneidet die Toten auf, ein Nimmersatt, sich zu bereichern am Geheimnis. Er sagt: tot ist tot» – so wird seine künftige «Freundin», Geliebte und Rivalin Else Lasker-Schüler, über ihn schreiben. Und viel später wird sie in diesem Doktor-Dichter aus den Totenkammern ihren Doktor Faustus des zwanzigsten Jahrhunderts sehen – für ihre weibliche, jüdische Antwort auf Goethes Faust-Drama «IchundIch».

Zunächst war das Ergebnis dieser Sektionen eines lyrisch Hochbegabten ein kleines Heft, «Morgue und andere Gedichte», das im März 1912 für das literarische Berlin eine Sensation war. Lyrik, die sich an solche Themen traute, hatte es im deutschen Sprachraum zwar schon von Rilke und Heym gegeben, und also waren Verse über die Toten der Morgue beinahe gesellschaftsfähig. Aber hier erschienen sie mit einer nie dagewesenen Direktheit und in einer Sprache, in der sich die Schärfe des Blicks und der synkopische Rhythmus des neuen Jahrhunderts ankündigten.

Und der junge Benn, der diskrete, gepflegte Student der Medizin und Offiziersanwärter der kaiserlichen Armee, war über Nacht eine skandalumwitterte Berühmtheit, um den sich schon damals die Damen der Gesellschaft rissen, denn er hatte, neben seinen tadellosen Manieren und seiner Begabung zum Tanz, diese hellen Tigeraugen und diese melancholische Diskretion, die die weibliche Einbildungskraft reizten. Und ihn umgab die Aura eines Mannes, der mit dem Tod umgehen kann, der die düstersten Seiten des Lebens kennt.

Negerbraut

Dann lag auf Kissen dunklen Bluts gebettet
der blonde Nacken einer weißen Frau.
Die Sonne wütete in ihrem Haar
und leckte ihr die hellen Schenkel lang
und kniete um die bräunlicheren Brüste,
noch unentstellt durch Laster und Geburt.
Ein Nigger neben ihr: durch Pferdehufschlag
Augen und Stirn zerfetzt. Der bohrte

zwei Zehen seines schmutzigen linken Fußes
ins Innre ihres kleinen weißen Ohrs.
Sie aber lag und schlief wie eine Braut:
am Saume ihres Glücks der ersten Liebe
und wie vorm Aufbruch vieler Himmelfahrten
des jungen warmen Blutes.
Bis man ihr das Messer in die weiße Kehle senkte
und einen Purpurschurz aus totem Blut
ihr um die Hüften warf.

In der Tat sind Benns «Morgue»-Gedichte heute noch schockierend, wenn sie auch im Grunde nur das zeigen, was dem jungen Doktor Benn beim Sezieren von Leichen im gerichtsmedizinischen Institut vor Augen gekommen ist, und Mutmaßungen über Hintergründe ihres Todes. In den angehäuften Teilen verwesender Menschen scheint die Suche nach der unsterblichen Seele sinnlos und absurd.

Else sieht das sehr deutlich, wenn sie ihn einen «evangelischen Heiden», einen «Christen mit dem Götzenhaupt» und «noch fromm im Nichtglauben» nennt. «Lange bevor ich ihn kannte, war ich seine Leserin», sagt sie über ihn – möglicherweise streut sie dem eiligen Leser Sand in die Augen über die Art der Beziehung, die ja doch vorher schon bestanden haben kann – wenn man für «kennen» das biblische «erkennen» statt des gesellschaftlichen Bekanntschaft-machens setzt. «Sein Gedichtbuch – Morgue – lag auf meiner Decke: grauenvolle Kunstwunder, Todesträumerei, die Kontur annahm.» Wie präzis sie formulieren kann! «Kunstwunder», «Todesträumerei» – damit plaziert sie Benns «Morgue» besser als die Mehrzahl seiner damaligen Kritiker von vornherein an die literarische Stelle zwischen Mystizismus und schwarzer Spätromantik.

In jedem Fall setzt spätestens mit dem Erscheinen der «Morgue»-Gedichte 1912 zwischen dem gerade promovierten

Benn und der Königin der Berliner Avantgarde-Nächte eine dem Publikum der Cafés, der Galerien und Theater offenkundige Beziehung ein.

Benn, der preußische Orpheus, hat eine Eurydike gefunden, die sein bester Geburtshelfer bei der lyrischen Produktion sein wird, aber auch sein unbestechlicher Richter, sein gleichrangiger Rivale – und eine Mutter und leidenschaftliche Geliebte zugleich.

Sein Leben ändert sich von diesem Augenblick an radikal. Oder hatte es sich nicht bereits längst verändert? Seit dem Zeitpunkt, wo ihn die Medizin nicht mehr in erster Linie interessierte, war er ja schon ein anderer geworden. Der Militärarzt Benn, der diskrete und verschwiegene Kamerad der preußischen Junkersöhne, die jetzt Offiziere im kaiserlichen Heer sind, der Vertraute der Sprößlinge jener «ostelbischen Familien, nach denen in Berlin Straßen und Alleen heißen» – der konnte er jedenfalls nach außen hin nicht mehr bleiben, obwohl sie ihm «vielfältige Freundschaft» hielten.

Er ist jetzt eine Skandalfigur, «jüdischen Mischlingsbluts» verdächtig, ein «Kaffeehausliterat». Aus den denkbar wohlanständigsten Verhältnissen wird er – je nachdem wie man es sieht – hinab- oder hinaufgeschleudert in die Bereiche, in denen Else sich aufhält, die sie allerdings freiwillig aufgesucht und sich selbst geschaffen hat. Auch hier gibt es einen Adel, sogar Könige, Prinzen, Kardinäle, jedoch von ganz anderer Art als die, die der junge Benn soeben vor den Kopf gestoßen hat. Aber Benn kann nur im Widerspruch leben: er stürzt sich nicht etwa völlig in die Verlockungen des literarischen Lebens, an dessen Himmel er wie ein Komet aufgegangen ist.

Er bleibt weiter Arzt, auch nachdem er das Regiment verlassen hat.

Eigentlich ist die Bedingung für das Studium an der «Pépinière», daß die dort ausgebildeten Ärzte nach der Promotion dem kaiserlichen Heer als Sanitätsoffiziere zur Verfügung stehen. Es gelingt Benn, sich dieser Verpflichtung zu entziehen, indem er behauptet, an einem «angeborenen Schaden» zu leiden, der ihm unmöglich macht, sich bei den kaiserlichen Manövern in der Uckermark längere Zeit im Sattel zu halten. Eine «Wanderniere» sei es, an der er litte, so erklärt er, und tatsächlich findet er bei seinen Vorgesetzten geneigte Ohren, die diese Geschichte glauben – Benns geheimnisvolle Freunde, die ihm sein Leben lang geholfen haben, hatten sich wieder einmal für ihn verwendet. Die Krankheit, die der junge Arzt sich selbst diagnostiziert hatte, befiel ihn nie wieder – obwohl sie doch angeblich ein dauerhafter Schaden ist, unheilbar, weshalb sie ja dienstuntauglich macht.

Diese «Wanderniere» ist wahrscheinlich ein Gewächs der Elseschen Phantasie. Sie kommt sogar in ihrem Roman «Mein Herz» vor, wo die Rede von einem geheimnisvollen Doktor ist, der «mit Vorliebe Wandernieren heilt». Wohin den Doktor diese «Vorliebe» zieht, wenn er seine Wanderniere heilen möchte, darüber sind vielfältige Vermutungen zulässig. Gewiß ist der Prinz Jussuf darunter, der männlich-weibliche Gespiele, dem es eine große Wonne gewesen sein muß, in dieser Weise dem Kaiser und seinem Militärdienst vorgezogen zu werden.

Prinz Jussuf.
1910–1912

Zu dieser Zeit wird Else, bis dahin vor allem als «Tino von Bagdad» bei sich und den Freunden bekannt, zum «Prinzen Jussuf von Theben».

Hinter dieser Identität, die sie bis an ihr Lebensende begleiten wird, steht die Figur des biblischen Joseph, den seine Brüder verkauften und der am Hofe des Pharao zum Seher und Traumdeuter, schließlich zum Berater und Liebling des Herrschers über Ägypten wird.

Wie sehr die Annahme gerade dieser Identität als einer bewußt männlichen mit der neuen Beziehung zu Benn zu tun gehabt haben muß, zeigt ein Gedicht, das sie Benn widmet und das in der Sammlung «Hebräische Balladen» im Herbst 1912 auftaucht. Da sieht sie ihn als Pharao und sich als Joseph in männlich-homosexueller Liebe.

> Pharao verstößt seine blühenden Weiber,
> Sie duften nach den Gärten Amons.
>
> Sein Königskopf ruht an meiner Schulter,
> Die strömt Korngeruch aus.
>
> Pharao ist von Gold.
> Seine Augen gehen und kommen
> Wie schillernde Nilwellen …

heißt es da, und eine Liebe wird beschrieben, in der Else Joseph ist, untertan und zugleich überlegen dem Herrscher, der für den Geliebten seine «blühenden Weiber» verstoßen hat.

Ob Benn, wie die Nazis ihm unterstellten, wirklich homosexuell war oder nur sehr intensive Freundschaften zu Männern hatte, wissen wir nicht – aber die Intelligenz, mit der Else sich für ihn in ein männliches Wesen verwandelt, um so auch an seiner männlichen Sehnsucht teilzuhaben, hat ihr sicher einen besonderen erotischen Reiz gegeben.

Sie selbst schreibt, sie habe ihren Entschluß, der Prinz Jussuf zu werden, in der «Nacht tiefster Verzweiflung» gefaßt, und sicher wurde diese Identität nicht nur durch die Beziehung zu Benn inspiriert. Jussuf hat sich die Haare abgeschnitten, eine Sensation um 1912, denn damals hatte kaum eine Frau kurze Haare. Jussuf ließ sich einen Anzug machen, trug also Hosen, wenn auch orientalischen Schnittes, aber doch Hosen, dazu die klimpernden Ohrringe, Ketten und Armreife sowie die Fußglocken, die für sie zum Bild des orientalischen Prinzen gehörten.

Auf der Straße standen die Leute still, um ihr nachzusehen und zu -tuscheln, denn nicht nur ihr äußeres Erscheinungsbild war ungewöhnlich – auch Liebesgeschichten mit nahezu allen Männern, die damals im Leben der Avantgarde eine Rolle spielten, wurden ihr nachgesagt. Für den spießigen Provinzler aus Posemuckel muß es die Erfüllung seiner Träume von Berlins nächtlichen Exzessen gewesen sein, wenn er diese Frau als Mann in ihrem Stammcafé zu sehen bekam. Daß Kellner und Cafébesitzer für sie mitunter die Zeche bezahlten, hat sicher damit zu tun, daß ihretwegen Leute ins Café kamen, die dort nichts wollten, als den Prinzen Jussuf zu bestaunen. Über einen der Versuche im «Café des Westens», die Dichterin doch einmal an ihre Verzehrpflicht zu erinnern, schreibt Else in «Gesichte»: «Man denke! Ist denn eine Dichterin, die viel verzehrt, überhaupt noch eine Dichterin? Sie empfand das mit Recht als eine unerhörte Beleidigung, als schimpfliches Mißtrauen gegenüber ihrer dichterhaften Echtheit ... jedenfalls begab sich die Schreckenstat an einem Sonntag, meine Seele wurde Werktag, bäumte sich auf und sehnte sich nach Revolution.»

Revolution, Zigeunerromantik, Orientzauber – für die Bürger vor dem Ersten Weltkrieg hatte das mit Zirkus und Theater zu tun und mit heimlichen Sehnsüchten nach Verbotenem, die das traute Heim nur noch gemütlicher machten, solange man ihnen von ferne zusah.

Die Faszination des Orientalischen war durchaus nicht nur Elses Sache. Max Reinhardts Theater schwelgte in orientalischen Kostümen – die Reinhardt-Inszenierung «Sumuru», als Film in Ernst Lubitschs Regie erhalten, führt in einen üppig indisch-arabisch dekorierten Sultanspalast mit Pola Negri als wilder Haremsdame, in Gewandungen wie denen von Else-Prinz Jussuf. In der Damenmode der Zeit spielen orientalische Muster, Turbane, Schleier eine große Rolle, und in den ersten Stücken des gerade erst die deutsche Hauptstadt erobernden Kinos gibt es reichlich Szenen in Indien, Persien, Arabien und Ägypten – alles Studiobauten aus Pappe, Holz und sogar Stein, vom damaligen deutschen Film-Tycoon Joe May produziert und mit seiner Gattin Mia May als semmelblonder «Herrin der Welt» besetzt.

Auch die abgeschnittenen Haare sind nicht allein Elses Erfindung – fast gleichzeitig mit ihr schneidet sich die erste mythische Figur der deutschen Leinwand, Asta Nielsen, die Haare ab und steigt wenig später auch in Hosen, um den Dänenprinzen Hamlet zu geben. Die Figuren, die die Nielsen vor der Kamera darstellt, könnten Elses Schwestern sein, sie haben ihre Frechheit, ihre Leidenschaftlichkeit, ihre Sinnenlust und ihre – zumeist tragische – Verstrickung in ein düsteres Schicksal, das der freiheitssuchenden Frau droht. Dieses Schicksal prophezeiten der Dichterin denn auch die Damen, die mit ihr zu tun hatten, um sie etwa für Dichterlesungen zu gewinnen. So zum Beispiel eine gewisse Ida Ehre aus Prag (nicht zu verwechseln mit der gleichnamigen Schauspiele-

1912: Else schneidet sich die Haare ab und erhebt sich zum Prinzen von Theben. «Sie war klein, damals knabenhaft schlank, hatte pechschwarze Haare, kurzgeschnitten, was damals selten war, große rabenschwarze bewegliche Augen.»

rin), die Else für einen Vortragsabend engagieren wollte und deshalb in die Katharinenstr. 5 in Berlin Halensee kam, wo die Dichterin mit Herwarth Walden zusammen wohnte:

«Ich steige die Treppe hinauf und klingele. Langes Warten, dann Schritte, und eine Frauenstimme fragt: Wer ist's? – Ich stelle mich bei geschlossener Tür vor und frage: Frau Lasker? – Ja, sagt sie, aber ich kann nicht aufmachen, ich bin nicht angezogen. – Was tut das, unter uns Frauen? – Ich bin keine Frau, tönt es scharf zurück. – Ich darauf: Dann müssen Sie sich schon gar nicht genieren. – Kleine Pause, ich höre das raschelnde Geräusch beim Überwerfen eines Kleides, und die Tür wird geöffnet. Im Halbdunkel des Vorzimmers sehe ich eine schlanke Gestalt, in ein bizarres orientalisches Tuch gehüllt, ein feingeschnittenes Gesicht, schwarzes kurzgeschnittenes Haar und nachtdunkle Augen. Wie eine Elfenbeinskulptur in einem Ebenholzrahmen ist dieses Gesicht. Sie macht Eindruck auf mich. Da führt sie mich weiter in einen ateliermäßigen Raum, durch dessen hohe, helle Fenster das scharfe Winterlicht hereinflutet. Dieses Licht tut ihrer Erscheinung nicht gut. Es wandelt die Elfenbeinfarbe zu einem stumpferen Grau, es zeigt die schlängelnden Falten und Furchen, welche der Grabstichel unbeherrschter Leidenschaft in die feine Bildung des Gesichts gegraben, es löscht den Märchenschimmer der Augen und weist wie mit Fingern auf die schäbigen Fettflecke und Risse des Kleides.»

«Ich bin keine Frau» – nein, denn sie ist Jussuf, Prinz von Theben, und als solcher eigentlich auch nicht für das helle Tageslicht geplant, und jedenfalls waren ihr Falten und Furchen nicht so wichtig wie der ihr gegenübersitzenden Dame.

Sie ist Jussuf, sie ist Joseph.

Else war damals nicht die einzige, die über die Josephsfigur nachdachte. Serge Diaghilew, der geniale Impresario der «Ballets russes», hatte mit seiner Truppe auf der Reise von Petersburg nach Paris – wo die wahre Stätte seiner Triumphe lag

– immer auch in Berlin Station gemacht. Und ausgerechnet Serge Diaghilew und seine «Ballets russes» sollten (1914) die «Josephslegende» mit einer Musik von Richard Strauss in Berlin uraufführen, mit Michel Fokine als knabenhaftem Joseph.

Ein wahres Ägyptenfieber war schon Jahre zuvor ausgebrochen und hielt mit den immer neuen Funden aus dem Tal der Könige an. Joseph hatte wirklich gelebt, er war der oberste Minister am Hofe Echn-Atons gewesen, des Mannes der Nefer-Titi oder Nofretete, deren beider Köpfe konnte man im Museum zu Berlin bewundern und sich die Geschichte von dem der Sonne zugewandten Pharao erzählen lassen, der den Kult des alten Ägypten mit seinem Amun-Re und seiner Hathor und seiner Sikmeth und der Katzengöttin Bastet zugunsten eines einzelnen Gottes abgeschafft hatte – auf Anraten eben jenes Joseph, des Juden, der aus dem Lande seiner Väter verschleppt und verkauft worden und am Hofe der Pharaonenhauptstadt Theben zu Ruhm und Macht gekommen war.

Von Joseph gibt es kein Bild, nur von dem Pharao, der ihn zu sich erhöht hat, und von Pharaos schöner Schwestergattin. Joseph war in Ägypten in der Fremde, im Exil gewesen, so wie sich Else in Berlin, in Deutschland als Jüdin eigentlich immer noch in der Fremde fühlte.

Ich kann die Sprache
Dieses kühlen Landes nicht,
Und seinen Schritt nicht gehen.

Aber er hatte sich die Fremde untertan gemacht, und das wollte Else-Joseph-Jussuf auch tun mit dem Lande, in dem sie lebte. Sie wollte Judentum und Deutschtum zu etwas Reichem und Kostbarem verschmelzen, möglichst mit einem Gegenüber, das ihr Pharao sein konnte, mit einem König, der sie Prinz sein ließ und dem sie die Träume deuten konnte. Dafür bot sich manch einer an, besonders aber der Doktor Benn, sobald er aufgetaucht war.

Ihr Hofstaat war zugleich ein Gegenentwurf zum wilhelminischen Deutschland mit seinem falschen Protz und seinem aufgeblähten Tschinderassabumm, das sich so wichtig nahm und doch eigentlich lächerlich war. Jussufs Reich hatte schwebende Grenzen, die aus Zuneigung und Gleichrangigkeit gebildet wurden, und sie ernannte darin die Fürsten und Unterfürsten, die Priester und Hohenpriester, sie gab sich selbst die Kronen, und sie verteilte Bischofsmützen und Diademe an ihre Vasallen, alles aus Buntstift und Papier, leicht wie die Luft und von der Qualität, aus der die Träume sind. Unser Jahrhundert hat uns gelehrt, daß solche Kronen auf lange Sicht dauerhafter sind als tonnenschweres Gußeisen und klippenhohe Granitgebilde. Der Prinz Jussuf ernennt den Maler der ruhenden Tiere Franz Marc zu seinem Halbbruder Ruben und zu seinem blauen Reiter, er ernennt Karl Kraus zum Dalai-Lama, Kete Parsenow zu Venus von Siam, Peter Hille geht als zweiter Sankt Peter in den Himmel ein, Hans Ehrenbaum Degele ist Tristan, ein Ritter aus Gold, Hans Adalberg von Maltzahn der Herzog von Leipzig und Vizemalik, Georg Levin wird zu Herwarth Walden, Johannes Holzmann wird zu Senna Hoy und zu Sascha, es gibt einen Abdul Antinuos, einen Mönch, einen Bischof, Kokoschka ist ein Troubadour und ein Riese, Kandinsky Professor, Tilla Durieux schwarze Leopardin – und Benn ist Minn, ist Giselheer, ist der Barbar, der Heide, der Spielprinz, der Tiger.

Mit dem Namen Giselheer wird das Spielerische wie das Tragische der Verbindung zum Prinzen Jussuf von vornherein deutlich. Wir haben bereits gesehen, in welchem Zusammenhang der Jüdin Else «Nibelungentreue» erscheinen mußte – als sinnlose Treue für das Falsche, das Gesetzlose, das Barbarische. Übrigens schreibt sich der Name eigentlich «Giselher», Else militarisiert ihn noch durch das doppelte «e» und damit den Anklang an das Wort «Heer». Gisel – das ist für sie der Gespiele, das Kind, der Knabe – Giselheer, das ist der im germanischen Sinne Zerstörerische und Selbstzerstörerische. Sie weiß also von vornherein, wie gefährlich es für sie ist, sich auf ihn einzulassen. Trotzdem ist er ihr der liebste Spielgefährte, und sie plant sogar die verschiedensten Formen von Hochzeiten mit ihm, durch die sie ihn für eine andere, ihr gemäße Art von Treue gewinnen möchte. Kein anderer Mann hat in ihr diese Hingabe erzeugt – als wollte sie durch ihn das Land, dessen Sprache sie sprach und das dennoch nicht wirklich ihre Heimat sein wollte, ganz für sich gewinnen.

Von Anfang an spielte er mit – und verweigerte sich gleichzeitig. Sie war so anders, so verrückt, so verstörend. Das gefiel ihm – das stieß ihn ab. Ja, sie war oft schwer zu ertragen, bei Tilla Durieux kann man es nachlesen, aber selbst wer über den Prinzen Jussuf lachte, war doch zumeist auch hingerissen. Kafka fand Frau Lasker-Schüler immer gräßlich, ihn konnte sie nicht gewinnen. Anderen ging es wie Benn. Sie waren fasziniert – und suchten doch Schutzwälle gegen Elses Attacken. Es störte die Dichterin nicht, wenn sie ausgelacht wurde, sie lachte selbst, und Jussufs zweite Seite war seine Clownerie, die «rote Nase», mit der er «den Mond anheulte». Unter den schreibenden Frauen ist sie auch da die große Ausnahme. Sie hat Witz, chaplinschen Witz. Ihre Totenmaske ist das Gesicht eines Kobolds. Aber ihr Leben lang litt sie bis ins Innerste unter der Abweisung.

Daß sie auch eine Prophetin war, *die* Prophetenfigur ihres geschlagenen und triumphierenden Volkes in diesem Jahrhundert, das wußte sie, das lebte sie, in freiwilliger Armut, oft an der Seite der Obdachlosen, auf Parkbänken nächtigend, hungernd, leidend, eine jüdische Kassandra – nein, dieses Bild hätte sie nicht akzeptiert, sie war ja Joseph-Jussuf. Und selbst in dieser Namenswahl, die sich ja hinwendet zu den arabischen Brüdern des israelischen Volkes, liegt noch eine für dieses Jahrhundert entscheidende Prophetie – die der notwendigen Brüderlichkeit und Versöhnung zwischen Juden und Arabern, wenn zukünftige Kriege überwunden werden sollen, so wie sie auch zwischen Deutschen und Juden Versöhnung suchte trotz des drohenden Schicksals, das sich dann – wer hört auf die Propheten? – und schon gar auf die Prophetinnen? – trotz ihrer Warnungen vollziehen sollte.

Offenbar haben alle, die damals, 1912 und 1913, zu Elses Hofstaat gehörten, eine prophetische Autorität im Prinzen Jussuf respektiert.

Der Träumedeuter Joseph, der Seher, der die Zukunft durchschauen konnte – der war sie eben auch tatsächlich, nicht wenige hatten es am eigenen Leibe erfahren, wie sie Menschen und Orte «durchblicken» konnte. Sie sah einem blutjungen Anfänger der Malerei oder der Literatur an, daß aus ihm eine der entscheidenden künstlerischen Figuren des Jahrhunderts werden würde – oder eben auch nicht. Sie war boshaft, nicht zynisch. Aber ihr Spott konnte beißend sein, so etwa, wenn sie ein ihr zur Lektüre gegebenes Theaterstück dem Autor Samuel Lublinski zurückgab mit der Zeichnung eines Papierkorbes, in dem es bei ihr gelandet war. Oder wenn sie den immer noch hochgeschätzten «Jedermann» des Kollegen Hofmannsthal verreißt:

«Ich war nämlich im Jedermann oder heißt es Allerlei? Ich glaube, es heißt Allerlei für Jedermann oder Jedermann für Allerlei: Herein meine Herrschaften ins Riesenkasperle, ins Berliner Hännesken! ... Nein, da wollen wir lieber auf die Kirmes gehen in Cöln am Rhein und ein Cölner Hänneskentheater aufsuchen, von dort soll Direktor Reinhardt die Naivität herholen, nicht sich welche anfertigen lassen von dem Hofmannsthaler im Wiener Stil oder übertünchen lassen, ein britisch-evangelisches Mysterium, charakteristisches Gähnen mit noch entsetzlicheren, gelangweilten, unechten Reimereien eines ‹Verbesserers›. Denk mal an, wenn er sich auf die Bildhauerei verlegt hätte, an der Skulptur geflickt hätte und der Venus von Milo die beiden Arme angesetzt hätte! Was grub er doch alles Literarische aus: zuerst den Oedipus von Sophokles und nährte ihn mit Wiener Blut; die Elektra machte er zur dämonischen Lehrerin …»

Die Nazis verfolgten in ihr nicht nur die «entartete» Künstlerin und die Jüdin, sondern auch die emanzipierte Frau, die den deutschen Frauen ein schlechtes Beispiel der Verführung zur Aufsässigkeit geboten hatte. Und in der Tat, das ist Prinz Jussuf ganz besonders. Er ist das funkelnde, faszinierende Gegenbild zur angenommenen Autorität der Säbelraßler und Großsprecher, wie Heinrich Mann sie in seinem «Untertan» darstellt.

Aber die Lasker-Schüler entspricht auch nicht dem Frauenbild, das damals, neben dem der treusorgenden Hausfrau, auf Bühnen und in Filmen als zweites, negatives Klischee geboten wurde, dem der männermordenden «Femme fatale», auch wenn die Mehrzahl der Frauen in ihrer Umgebung sie gern als solche apostrophierten. Aber die Ablehnung war gegenseitig.

Der «Femme fatale» wurde vieles zugebilligt, was den Frauen der Zeit sonst nicht erlaubt war. Sie hatte Beziehungen zu Männern außerhalb der Grenzen von Ehe und Haushalt und gesellschaftlicher Verpflichtung, sie nahm sich Freiheiten des Auftretens, der Garderobe, aber am Ende der Stücke bzw. der Filme stand ohne Frage ihr schlimmes Ende sowie auch das des von ihr vernaschten Mannes. Es konnte sich hier auch um eine Mehrzahl handeln, es konnten sogar lesbische Beziehungen vorkommen, wie in Wedekinds «Lulu», dem Hauptwerk unter denen, die sich mit den tödlichen Ladys befassen. Jedenfalls waren sie allesamt schlecht und es ging ihnen schlecht, und ihren Männern ging es auch schlecht.

Else, in ihren Jussuf-Hosen, entschlüpfte in ein Zwischenreich des Hermaphroditischen, des Androgynen, das nicht zusammenging mit den klebrigen Angstvisionen von

Männern vor Frauen, die über sich selbst entscheiden und deshalb für den männlichen Herrschaftsanspruch «fatal» sind. Der weibliche Knabe Jussuf schien erotisch nicht gefährlich zu sein, seine Kräfte nicht tödlich. Die dichtenden und malenden Männer um Elses Tisch im Café konnten in ihm einen Gefährten, einen Mitkämpfer auf dem Weg in die Moderne sehen, statt einer verschlingenden Schlangenfrau oder Vampirin. Das leicht Schmuddelige, das immer wieder abfällig kritisiert wird, auch von Benn, lag zweifellos an ihren Lebensumständen. Else war zwar berühmt, verdiente aber doch mit ihrer Kunst nicht viel und konnte sich deshalb nur wenig Garderobe leisten und diese auch nicht immer sauberhalten, wenn die Umstände sie zwangen, auf Parkbänken zu übernachten oder im Kino, wo sie offenbar eine treue Verehrerin in einer Platzanweiserin gefunden hatte, die sie dort auf dem Sofa oder in den Kinositzen nächtigen ließ. Else hatte keine Berührungsängste mit Prostituierten und Bettlern, sie setzte sich einfach zu ihnen und bettelte mit, wenn sie kein Geld hatte.

Sie hatte auch keine Berührungsängste mit der radikalen Linken der Rosa Luxemburg und des Karl Liebknecht. Immer wieder scheint sie bei der Teilnahme an Demonstrationen Prügel bezogen zu haben. Allerdings war der schillernde Paradiesvogel, den sie mit ihren Glocken und Kettchen und ihren farbenprächtigen Kleidern darstellte, in den Reihen der Genossen, zu denen sie gehören wollte, ebenso ein Stein des Anstoßes wie bei den besser Betuchten. So sah man als bürgerliche Frau nicht aus – so sah man aber auch als Anhängerin der Arbeiterbewegung nicht aus. Was sollte ein selbsternannter Prinz unter den Ballonmützen?

Wenn wir ihre Fotografien aus diesen Jahren des künstlerischen und des literarischen Aufbruchs betrachten, dann erscheint es schwer zu glauben, daß sie schon dreiundvierzig Jahre alt war, also nach damaligen Vorstellungen eine alte

Frau. Sie hatte zwei Ehen hinter sich, denn auch die mit Herwarth Walden begann zu zerbrechen, sie hatte einen heranwachsenden Sohn, sie hatte Armut und Hunger am eigenen Leibe erfahren und erfuhr beides weiterhin – und doch ist der kühne Ausdruck im Gesicht des Prinzen Jussuf so sehr von Hoffnung, Erwartung und Skepsis zugleich durchdrungen, daß er wie der eines sehr jungen Menschen von heute wirkt – nichts Gestriges, schon gar nichts der Zeit nach der Jahrhundertwende Verhaftetes ist darin zu erkennen. Kein Wunder, daß sie in den literarischen Cafés Mittelpunkt eines Kreises war, dessen flüchtige Besucher, aber auch dessen Dauergäste sich immer mehr verjüngten. Sie selbst schien sich zu verjüngen, statt zu altern.

Dies war das Wesen, in das sich der junge Doktor Benn verliebte, rasend verliebte, wie es scheint – so sehr, daß er schnell Angst vor der eigenen Courage bekam, so gründlich, daß er hernach jeder anderen Frau vorhielt, sie sei ihm «als Ganzes nicht gewachsen», so dauerhaft, daß er sich über ein ganzes Leben von ihr berührt fühlt, «trotz aller Verschiedenheit der Lebenswege und Lebensirrungen», wie er diese deutsch-jüdische Geschichte 1952 diskret umschreibt.

Giselheer, der Tiger.
1912–1913

Nein, es handelt sich nicht um Romeo und Julia und auch nicht um Orpheus und Eurydike, obwohl letzteres Paar uns noch öfter beschäftigen wird, denn immerhin haben wir den preußischen Orpheus vor uns, den letzten der Sänger aus der märkischen Streusandbüchse, dessen Verse üppig wie die Gesänge der Bibel und glanzvoll wie die der Griechen klingen, einem lyrischen Nachfolger des dramatischen Heinrich von Kleist, ihm verwandt in seiner Todes- und seiner Griechensehnsucht wie in seiner Lust am Quälen und Gequältwerden, aber auch in seiner Fähigkeit, die Lüste, die er sich versagt, in glänzende sprachliche Geschmeide, in funkelnde Versjuwelen umzuschmieden.

Hart wird der Doktor Benn in den letzten Jahren von Literaturforschern beurteilt, nachdem er in den fünfziger und sechziger Jahren der Bundesrepublik Deutschland als der einzige Literat von Rang galt, der sich über die Jahre vom Expressionismus bis hin in die Aufbauphase der deutschen Demokratie gerettet hatte, und dies mit der richtigen Mischung von Faszination angesichts der Nazis und Abscheu vor ihrem kleinbürgerlichen Wesen. Jeder der damals Mächtigen in Westberlin und Westdeutschland hätte gern eine solche Biographie gehabt.

Der Widerständler konnte sagen: Ja, auch er hat schließlich alles eingesehen – und der, der sein Parteibuch gerade noch rechtzeitig verbrannt hatte, konnte sich selbst beruhigen: Ja, auch er ist diesen braunen Horden aufgesessen. Und so applaudierten in den Fünfzigern und Sechzigern jede und jeder diesseits der Mauer der Tatsache, daß der Doktor Benn kurz vor seinem Tode alle die Ehrungen und Würdigungen empfing, die er sich wohl zu früheren Zeiten inbrünstiger gewünscht hatte.

Jenseits der Mauer war er weniger angesehen. In der real existierenden DDR gab es nur einmal eine einzige Ausgabe seiner Gedichte, schnell verboten, eingezogen, wo noch ein Exemplar zu finden war – und dann in kleiner Auflage schnell noch einmal nachgedruckt und wieder sofort vergriffen. Er hatte sich unbeliebt gemacht bei den literarischen Emigranten, die heimkehrten und von ihm mit bösen und mitleidlosen Sprüchen angegriffen wurden, nachdem er doch zuvor, jeder wußte es, seinen Flirt mit den Nazis gehabt hatte. Immerhin, als er im Juli 1956 starb, widmete ihm Johannes R. Becher, Kulturminister der DDR und selbst den Expressionisten zugerechnet, ein kurzes Trauergedicht. Respekt.

So sehr es heute irritieren mag, den Gealterten auf Fotos mit Embonpoint und strahlendem Lächeln Bundesverdienstkreuz und Büchnerpreis entgegennehmen zu sehen, nachdem er zuvor mit den Emigranten so mitleidlos und brutal umgegangen war – ein paar Takte seiner Lyrik reichen, und der preußische Orpheus betört von neuem.

Und es war ja nicht nur die unverbesserliche Rechte, die ihn in den Ruinen- und frühen Wirtschaftswunderjahren aufs Schild hob – die ersten Beatniks hatten Benn-Gedichte in den Rucksäcken, die zornigen jungen Männern der fünfziger und sechziger Jahre schlürften sein süffiges lyrisches Nihilisten-Belcanto, und noch heute kann es vorkommen, daß eine Schulklasse der Oberstufe, ermüdet über Eichendorffschen Naturbildern und Schillerscher Freundestreue, plötzlich aus den Bänken hochfährt, wenn der Unterrichtende einen richtig schwarzen Benn zum besten gibt: «Oh Nacht, ich nahm schon Kokain, und Blutzerteilung ist im Gange» ... ja, damit können sogar Kids von heute etwas anfangen, da finden sie sich wieder, und sie mögen gar nicht glauben, daß solche Texte schon fast so alt sind wie das hinter uns liegende Jahrhundert.

Das war Elses Giselheer, das war ihr gestreifter Tiger, ihr Doktor Faust, ihr Doktor Benn, an dem sie verzweifelte, den sie aber auch als nahezu perfektes Gegenbild zu ihrer orientalischen Welt, als Inkarnation des Deutschen brauchte.

Und als sich beide zueinander bekannten, sah die ganze literarische Szene des deutschsprachigen Raumes zu. Im Konkurrenzblatt zu Herwarth Waldens «Sturm», der radikaleren und politischeren «Aktion» des Franz Pfemfert, erschien am 25. Juni 1912 auf einer Doppelseite Giselheers und Jussufs Wechselgesang, das heißt, sein Gedicht «Drohungen» aus dem Zyklus «Alaska», auf das wir noch eingehen werden, und dazu von ihr die Prosaskizze «Doktor Benn» und die Profilzeichnung, die sie von ihm gemacht hatte. Da ist er wirklich der jüngste Nibelunge, der schöne Giselheer, und an der Schulter trägt er Jussufs Stern mit zwei Kometenschweifen. Sie preist ihn: «herb, lauter Fels, rauhe Ebene, auch Waldfrieden ... und Strauch und Rotrotdorn und Kastanien im Schatten und Goldlaub ... braune Blätter und Rohr ... Erde mit Wurzeln und Jagd auf Höhlenrauch und Löwenzahn und Brennesseln und Donner» und nennt ihn den «dichtenden Kokoschka», «jeder seiner Verse: ein Leopardenbiß, ein Wildtiersprung. Der Knochen ist sein Griffel, mit dem er das Wort auferweckt». Verlockt von ihm wagt sie, sich in die Bilder des Nordens einzufühlen, so wie er sich von ihrer alttestamentarischen Leidenschaft, Kraft und Sinnlichkeit berauschen läßt. Was hätte aus dieser Verbindung werden können.

Sie konnte ihm sogar in hebräischen Buchstaben schreiben – als Pastorensohn konnte er den Brief lesen, den sie so an ihn verfaßt hat und in dem ebenfalls von Knochen die Rede ist und einem Zauber, den Jussuf damit gemacht hat. Unbestreitbar ist der preußische Orpheus unter all den Lyri-

Giselheer, der Barbar. Giselheer, der Tiger. Foto des jungen Benn von 1910, Elses Zeichnung von 1912. «Über dein Gesicht schleichen die Dschungeln, oh, wie du bist!»

kern, die um 1912 im Hofstaat des Prinzen Jussuf auftraten, der einzige, der es gewagt hat, ihr mit eigener Lyrik zu antworten. Alle anderen ließen sich von ihr besingen und fühlten sich von ihren leuchtenden Versen geschmeichelt, mit denen sie die Freunde umspann – Benn jedoch besaß die Kühnheit, ihr selbst Gedichte zu widmen.

In seinem großen Abgesang auf die frühere Geliebte und Rivalin, den er 1952, sieben Jahre nach ihrem Tod, im British Council, dem Kulturinstitut der britischen Besatzungsmacht hielt, blickt er auf diese Zeit zurück: «Es waren die Jahre des ‹Sturm›, der ‹Aktion›, deren Erscheinen wir jeden Monat und jede Woche mit Ungeduld erwarteten.»

Hören wir, wie der Prinz Jussuf diese Zeit beschreibt:

«Minn und ich treffen uns bei den Zulus, die leben schwarz und wild am Kehrricht der ägyptischen Ausstellung, wo kein Weißer hinkommt. Die ganze Geschichte hat mir der Impresario eingebrockt, der behandelt die Muselleute wie Sklaven, und ich werde ihn ermorden mit meinem Dolch, den ich mir erschwang im Lande Minns. Er ist der Jüngste, den der Händler nach Europa brachte, er ist der ben, ben, ben, ben des jugendlichsten Vaters im ägyptischen Lunagarten.»

Ben, Ben, Ben – hierzu Benn selbst zu einer Zeit, als er sich von den «jüdischen Kaffeehausliteraten» lieber entfernen möchte:

«Jedenfalls hat der Name Benn mit der hebräischen Silbe ben (Sohn) überhaupt nichts zu tun» – so verleugnet er gegenüber den Nazis 1935 das einstige Spiel mit seinem Namen, an das er mit dem Titel seiner Else Lasker-Schüler gewidmeten Gedichtsammlung «Söhne» 1912 anknüpft. «Söhne» – das ist zweifellos der so viel jüngere Benn, dem sie eine Art geistige Mutter ist, und er spielt mit dem doppelten «n» in seinem Namen, der eine Mehrzahl bedeuten könnte, aber auch mit der Vorstellung, daß er neben Elses Sohn

Paul ihr zweiter Sohn sein könnte. Paul hat auf diese brüderliche Beziehung zu Benn sein kurzes Leben lang, das nur bis 1927 dauern sollte, immer wieder hingewiesen. Paul mochte Benn, Else betont es in ihren Prosaschriften – und Benns kurze Skizze von Paul in seinem Nachruf auf Else zeigt mehr Zuneigung als bei ihm sonst üblich. Aber sogar in der Verleugnung dieser Beziehungen zwecks Anbiederung an die Nazis scheint auf, wie nahe er sich ihr und den Ihren fühlt:

«Interessant, erwiderte er, äußerst interessant, daß Sie sich für einen Arier halten, aber täuschen Sie sich nicht? Ihr Name, das ist gar kein Name, das ist eine jüdische Verwandtschaftsbezeichnung. Ihre tragische Grundeinstellung ist die typische Grundeinstellung des jüdischen Mischlings. Ihre Gedichte sind typische jüdische Meisterwerke!»

So Benn 1935, als er unter dem Druck der Rechtfertigung vor den Nazis, aber auch unter dem Druck der eigenen rassentheoretischen Überlegungen stand. Seine «tragische Grundeinstellung ist die typische Grundeinstellung des jüdischen Mischlings» ... in der von ihm selbst vorformulierten Behauptung des nationalsozialistischen Gesprächspartners wird deutlich, was er 1912 ganz zweifellos sein *wollte*. Und daß seine Gedichte «typische jüdische Meisterwerke» seien, kann ja wohl nur dem Nazi als Vorwurf gelten.

Gehen wir zurück ins Jahr 1912, dem Jahr, als die Liebe des Prinzen Jussuf zu Giselheer ein öffentliches Ereignis wurde, wie die des «Affenadam» zu der «Bräunlichsten», zu seiner «Ruth», die «zu lange über die Mandeln nach Boas» sah, der Frau, mit der er «Tierliebe» treiben konnte, zu seiner «Madonna – kein Engel ist so rein» –: dem Jahre des großen Liebesdialogs also.

Orte des Geschehens sind zumeist das später legendäre «Café des Westens», aber auch die Ausstellungsräume, die Herwarth Walden anmietet, um dort Bilder von Marc Chagall, von Franz Marc, von Kokoschka und Kandinsky, von den ersten Futuristen und Kubisten zu zeigen, und die Orte, wo die jungen expressionistischen Dichter zwischen anderen Attraktionen auftraten und ihre Verse in ein sehr gemischtes Publikum schrien – das von Max Reinhardt gegründete «Schall und Rauch» zum Beispiel.

Die Ehe zwischen Herwarth und Else ist schon brüchig, das Kind Paul lebt in Internatsschulen, der Odenwaldschule oder Dresden-Hellerau. Herwarth trifft sich mit der «Locken-Undame» Nell Rosslund, die seine nächste Frau sein wird. Else spürt das, rasende Eifersucht erfaßt sie, dann Wut, und schließlich distanziert sie sich von Walden. Nell Rosslund hat die Dichterin als Morphinistin schlechtgemacht – Elses Freunde erklärten Nell Rosslund zur «Gans», und so war an Versöhnung nicht zu denken. Else hat den Kopf ja auch ganz woanders. Ihr Roman «Mein Herz – niemandem!» ist ihr Abschied von Walden, aber auch ihre Hinwendung zu Benn. In diesem Jahr 1912 wird sie sich schließlich von Herwarth Walden scheiden lassen. Um desto mehr auf den Doktor eingehen zu können, dem «Minn»-Benn?

Mit «Minn» geht es los. Als Sohn des Sultans von Marokko tritt er schon in den «Nächten der Tino von Bagdad» auf – möglicherweise, bevor sich der dichtende Doktor namens Benn – «Minn» – an den Caféhaustischen niederließ, um dort zu dichten.

«Dein Freund, der Doktor, saß da und sang für sich», heißt es in «Mein Herz – niemandem!» – Es wird behauptet, es handele sich hier um einen Sprecherzieher an Max Reinhardts Bühnen. Nicht einsehbar. Benn ist auch später immer wieder der «Doktor», und daß er zunächst die Freundschaft von Herwarth Walden suchte, der ihm seine Gedichte drucken sollte, scheint logisch. Wieso sollte Frau Lasker-Schüler einem Sprecherzieher nachsagen, daß sein Gesang mythenhaft, olympisch sei und gar, daß Krater darin rauch-

1912: «Morgue» – die ersten Skandalgedichte des Doktor Benn – «ich hatte 297 Sektionen hinter mir … Ich war ermüdet. Und plötzlich, auf einmal, waren die Gedichte da, in ganz kurzer Zeit, alle auf einmal, wie in einem Rausch.»

1912: «Hebräische Balladen». Elses Bekenntnis zu sich selbst und der Überlieferung ihres Volkes mit dem ersten Benn gewidmeten Gedicht «Joseph und Pharao». «Sein Königskopf ruht an meiner Schulter»

ten? Vor allem – warum sollte sie hinzufügen: «Daß wir uns böse sind, ist direkt unkünstlerisch»?

Nein, der Herr Doktor war ben, ben, ben, und der erste Streit zwischen ihr und ihm ist so alt wie beider Bekanntschaft – ebenso wie die gegenseitige Wertschätzung. Auch die nächste Erwähnung ist eine Verlustanzeige: «Ich habe Minn verloren, alle marokkanischen Träume und den tätowierten Halbmond an seinem vibrierenden Nasenflügel» – denn «Dein Freund der Doktor brachte seine lachende Kleine mit» ... ja, und «er sieht abgearbeitet und verärgert aus. Es gibt keinen Menschen, der aufmerksamere Liebe nötiger hat als der Doktor, als unser Doktor, sind er und ich auch schuß für ewig ...» ‹schuß für ewig›. Schon wieder Krach, diesmal wie zwischen Wuppertaler Arbeiterkindern, die sich ‹schuß für ewig› sind. Aber schuß für ewig – da hat doch auch ein Pfeil getroffen, was für ein Doppelsinn! – Amors Pfeil. Für ewig. In der Tat: «Ich habe jahrelang Jünglingen, die ihm ähnlich sahen, Blumen gesandt.»

Der Doktor scheint die Sache denn auch ernst genommen zu haben. «Wir bringen der Grabstätte unserer Feindschaft Pietät dar, manchmal in Form von bunten Immortellen –» «Wir sind uns im Leben schon gegenseitige Geister geworden.» Und dann schon ein Hinweis auf die Rollen, die er einmal in ihrem letzten Stück «IchundIch» spielen wird: «Er erscheint mir oft in Rollen, manchmal als überlegener höherer Geist, der verneint.» Benn und sein Nihilismus. Benn als Faust-Mephisto mit den zwei Seelen in der Brust.

Allerdings interessiert sie zu dieser Zeit am meisten, daß sie hier einen gleichrangigen Partner für den lyrischen Austausch hat.

«In einem Restaurant in der Friedrichstraße saß unser Doktor, Herwarth. Ich wollte dort nur telephonieren, aber da ich ihn bemerkte, schlich ich auf die Galerie und betrachtete ihn aus der Vogelperspektive. Er war allein, sonst nur abgedeckte Tische. Drum begann er zu summen, und es war seine Stimme, die bald an die Säulen des Saals brandete. Ich begreife nicht, was ihn noch von den Konzerten abhält. Er ist natürlich kein Heimatsänger wie die dekorierten Vögel alle, zwitschernder, musizierender Wälder-Blätter» ... «Des Doktors Stimme ist stellenweise noch ungeheftet, ich konnte manche von den schwarzen Perlen in die Hand nehmen ... die Meeresstimme des Doktors wäre auf Taue zu reihen» – prophetisch sieht sie die Begabung, das Belcanto, die «schwarzen Perlen», die «Meeresstimme». Wirklich, neben ihm verblaßten die anderen Gedichteschreiber zu dekorierten Vögeln in zwitschernden Blätter-Wäldern. Und sie gibt ihrem gewesenen Mann, dem Verleger, den Rat: «Diese Erkenntnis sollte sein Lehrer besitzen. Du mußt ihm die letzten Zweifel nehmen, Herwarth.»

Sie rühmt sich ihrer Diskretion, wenn sie nicht mit der Sprache herausrücken will, in wen sie sich verliebt hat, und sie scheint damals auch den jungen Benn an der Nase herumgeführt zu haben, bis er ihr wutschnaubend und verrückt vor Eifersucht aufgelauert hat – sie dichtet ein erstes Lied auf ihn, aber es kann auch ein anderer gemeint sein, von Gold und schwarzem Schnee ist darin die Rede – «Sieh meine Farben, schwarz und Stern» wird sie später in ihren Liedern aber auch an Giselheer schreiben.

Das ist ein Mann nach dem Herzen des Prinzen von Theben. Er kann dichten, und wie! – er ist schön wie ein junger Gott, er vergöttert sie, er kann ihr auf allen Ebenen Paroli bieten, sie kann ihm auf hebräisch schreiben, als Pastorensohn versteht er sogar das, in Liebesdingen ist er mehr als gelehrig, das werden seine späteren Amouren bezeugen, er ist fromm und heidnisch genug für ihre Knochentänze und ihren ägyptischen Schlangenzauber, er könnte sie bei einem eventuellen epileptischen Anfall versorgen, denn er hat über Epilepsie geschrieben – und, Höhepunkt des Glücks, er entsagt dem Kaiser, um König Giselheer am Hofe des Prinzen Jussuf zu werden oder wenigstens Kreuzritter, und manchmal auch Pharao. Das heißt, er verläßt den Militärdienst, um seiner «Wanderniere» zu leben, wie wir bereits erfahren haben.

«Er sagt er hätte breite Hände. Ich finde seine Hände wundervoll und rührend, kleine Kinderhände, aber durch die Lupe gesehen, als ob sie durchaus groß sein wollten. Ich spiele den ganzen Tag mit seinen Händen, jedem Finger habe ich einen Ring aufgesetzt, jeder trägt einen anderen seltenen Stein.»

Prinz Jussuf und Giselheer machen die Berliner Nächte unsicher. Wir wissen nicht, wo sie sie verbrachten, wenn sie nicht in den Cafés waren. Benn jedenfalls, soviel ergibt sich aus seiner Nachrede auf Else, hat ihre Dachkammern und übrigen Absteigen gekannt und offenbar auch das wilde Leben des Prinzen Jussuf geteilt. Wir dürfen sogar mit Fug und Recht sagen, ohne diese paar Monate, in denen er den Mut dazu besaß, wäre er nicht Benn geworden. Wäre er doch auch späterhin dieser Unbedingtheit treu geblieben, dieser Freiheit des Lebens und Denkens, die er sich damals erlaubt hat. Er selbst mag dem nachgetrauert haben. Aber es hat ihn überfordert, Elses Leben länger als nur eine kurze Zeit zu teilen. Immerhin hat er es getan, und offenbar in einer Weise, die ihr angemessener war als die der beiden Männer, die sie zuvor geheiratet hatte.

O, Deine Hände

sind meine Kinder.
Alle meine Spielsachen
Liegen in ihren Gruben.

Immer spiel ich Soldaten
Mit deinen Fingern, kleine Reiter,
Bis sie umfallen.

Wie ich sie liebe,
Deine Bubenhände, die zwei.

Dialog der Liebe.
1912–1913

Else hat viele ihrer Freunde angedichtet, aber keiner von ihnen hat darauf in einer Form geantwortet, die in allen Buchhandlungen auslag und noch ausliegt und also von der gesamten literarischen Welt nachgelesen und diskutiert werden konnte und kann. Letzteres war beliebtes Spiel der Caféhausbesucher vor dem Ersten Weltkrieg, aber durch die Irrungen der deutschen Geschichte geriet es in Vergessenheit.

Dabei ist dies einer der schönsten Liebesdialoge der Weltliteratur und ganz einzigartig, weil zwei so herausragende poetische Talente einander ansingen, so verschieden und dabei so gleichrangig – und dabei Mann und Frau. Schon damals wurde gerätselt, ob die Liebe real existiert hatte und vollzogen worden war oder nur als desto erregendere Fiktion existierte. Hören wir Benn:

(Strand am Meer)
Mann:
Nun aber ist dies alles festgefügt,
Geschlossen wie ein Stein und unentrinnbar:
Du und ich.
Es stösst mich nieder und ich schlage
Mich an mir selber wund,
Wenn ich an Dich nur denke.
Denn Du bist ein Halbdurchflossenes,
Vom Tier getränkt, und wie im Fell der Tiere,
Und doch gelöst an allen deinen Gliedern,
Vom Spiel der Träume und erlöster
Als je ich Mann.
Es gäbe Eines nur, dies zu vergelten,

Das Frieden brächte. Das ich jetzt dich frage:
Liebst du mich?

Strand am Meer – diese Szenenangabe hat lebenslang auf den Dialog zwischen Benn und Else Lasker-Schüler gewirkt – auf ein Leben, das sie nie gemeinsam verbracht haben. «Dein Herz läßt keine Meere mehr ein» ist eine von Elses Klagen, als Benns erste Leidenschaft abgekühlt ist. «Über alle Meere» schreibt sie als Widmung über ihren Text «Ich räume auf», den sie Benn sehr viel später, in den zwanziger Jahren, schickt.

Aber greifen wir nicht vor, noch sind wir am Anfang des veröffentlichten Liebesdialogs. Benn wünscht sich eine Antwort auf die Hingabe, die er mit seinen Gedichten an Else ausdrücken will – und in diesem, dem ersten an sie gerichteten Gedicht schreibt er sie gleich selbst mit. Er eröffnet den Dialog mit der Lyrikerin – mit einem Dialog. Und in diesem sagt die Frau das, was er von ihr hören möchte.

Frau:
Ja, ich will an dir vergehn.
Greif meine Haare, küsse meine Knie.
Du sollst die braune Hand des Gärtners sein
Im Herbst, die all die warmen Früchte fühlt.

Benns Antwort oder vielmehr die Antwort, die Benn dem Mann in seinem Dialog in den Mund legt, ist eigenartig, weil sie plötzlich an einen männlichen Partner gerichtet erscheint und eindeutig homoerotische Züge trägt.

Mann:
Wenn ich im Spiel an deine Glieder fasste
Oder beim Rudern, warst du noch viel ferner
Und viel entrückter. Ja, du warst es gar nicht,
An dessen Fleisch ich fasste. Es ist anders.

Es ist anders. Es ist eine Frau, die in ihm Assoziationen an Kindheit und künftigen Tod erweckt, an Vergangenheit und Zukunft, besonders aber an das, was die Franzosen «la petite mort» nennen, den Liebesakt mit der Frau und den todähnlichen Augenblick der bewußtlosen Verzückung darin.

> Frau:
> Dann will ich vor dir tanzen. Jedes Glied
> Soll eine Halle sein aus lauem Rot,
> Die dich erwartet.
> So hebe ich die Schenkel aus dem Sand
> Und so die Brust. Kleid, fort von meinen Hüften.
> (tanzt)
>
> Mann:
> ... Du Seele, Seele tief dich niederbeugend
> Über die Opferungen meines Bluts –
> Du leise Hand, du Flieder, stiller Garten
> Meinem verstossnen Blut, so sang mein Traum –

Elses Definition von Benn als dem evangelischen Heiden, dem Christen mit Götzenhaupt – wahrscheinlich ist sie von Zeilen wie diesen ausgelöst.

Anklänge an Paul Gerhardts hingebungsvolle Kirchenlieder hört man heraus, aber es sind auch schon jene zwei Bilder der Kindheit da, die immer wieder bei ihm auftauchen: der Garten und der Flieder, bis hin zu seiner Spätzeit («Es ist ein Garten, den ich manchmal sehe», «Fliederbüsche, blau und rauschbereit», heißt es da.)

Schon strömt das Bennsche Belcanto, aber es wird noch eingedämmt vom Zwang zu den großen skandalträchtigen Bildern, zum Riesenhaften und Schockierenden. Der Dichter der «Morgue» wagt noch nicht, das Leben zu besingen, ohne daß der Tod darin die Hauptrolle spielt.

Und der Liebesdialog endet mit einer düsteren Vision von

«behaarter Brust, behaarten Schenkeln», die sich auf «Haut voll Schweiß und Talg» (Benn, der Mediziner!) legen, auf weißes Fleisch, das im Sand liegt und das er fragt: «Was rinnst du nicht und sickerst in das Meer? Was kommen keine Vögel über dich wie über anderes Fleisch?» Expressionistische Visionen von Tod und Untergang, denen noch die Eierschalen pubertären Überschwangs anhaften und die gleichzeitig doch so atemberaubend sind in ihrer düsteren Größe, daß die hochgezogene Braue des heutigen Lesers sinkt vor dem Wagnis des Bildes und dem harten Glanz der lyrischen Klänge.

Orpheus' erstes Lied an Eurydike hat die starken nordischen Farben eines Munch-Bildes, wie Munch sieht Benn die Frau als rätselhaftes Doppelwesen, als Verführerin und Opfer zugleich, das den Mann verschlingt und doch selbst von ihm zerstört wird.

Bis hin zu seinem späten großen Orpheusgedicht, das am Totenfluß Griechenlands spielt und bei dem das letzte Lied Orpheus' das eigene Zerfetztwerden durch die Mänaden beschreibt, wenn die Leier «hinab den Fluß» treibt und «die Ufer tönen» – bis zu diesem Spätwerk bleibt die Thematik erhalten. Wie sehr gerade dieses große späte Orpheusgedicht mit seinen ersten Versen für Else Lasker-Schüler verbunden ist, macht Benn dadurch deutlich, daß die Zeile «drohen» darin wie ein Basso continuo den Fluß der Strophen unterbricht.

«Drohen» ist eine Zeile, die zwischen beiden zuerst bei Else Lasker-Schüler auftaucht, und zwar in dem Gedicht «Joseph und Pharao», einem der ersten, die sie Benn gewidmet hat: «Säulen werden im Schlaf seine Arme und drohen.» «Drohungen» heißt auch der achte Gesang der Sammlung «Alaska», der sich ganz direkt an Else richtet. Dies ist das in der «Aktion» vom Juni 1912 zusammen mit Elses Text «Doktor Benn» abgedruckte Gedicht. In einer Strophe bezieht es sich auf das makkabäische Judentum der Dichterin, auf die

1912: Jussuf, Prinz von Theben ist Herrscher im Reich der neuen Kunst. Franz Marc malt für sie seine Paradiese voll träumender Tiere in Kirchenfensterfarben. «Du bist Ruth, dein Nacken ist braun von Makkabäerblut», singt Benn für sie.

Identität als kämpferische Tochter ihres Volkes, die sie selbstbewußt und prophetisch angenommen hat, lange bevor makkabäisches Judentum zur Rückbesinnung des Staates Israel auf die kriegerische Geschichte der Vorfahren wichtig wurde.

> Du bist Ruth. Du hast Ähren an deinem Hut.
> Dein Nacken ist braun von Makkabäerblut.
> Deine Stirn ist fliehend: Du sahst so lange
> Über die Mandeln nach Boas aus.
> Du trägst sie wie ein Meer, daß nichts Vergossenes
> Im Spiel die Erde netzt.

Für Benn ist sie die kämpferische, die «wilde» Jüdin, die Makkabäerin, als die sie sich selbst gesehen hat – aber auch die sanfte und demütige Ruth.

Ruth ist eine bei protestantischen Eheschließungen häufig zitierte Figur der Bibel. Das «wo du hingehst, da will auch ich hingehen» stammt aus dem Buch Ruth des Alten Testaments, sie selbst gilt als Urbild ehelicher Treue, Geduld und Liebe. Ruth, so erzählt der Text der Bibel, ist mit der Mutter ihres verstorbenen ersten Mannes in die Fremde verschlagen, wo Boas, der Herr der Felder, ihr erlaubt, Ähren zu sammeln, damit sie sich und die Schwiegermutter ernähren kann. In der Bibel ist es nicht Ruth, die nach Boas ausblickt, und schon gar nicht «über die Mandeln», sondern Boas verliebt sich in Ruth und bittet sie um ihre Hand.

Und wieder ist das Bild vom Meer da – Ruth, deren Nacken braun von Makkabäerblut ist, trägt Ähren «wie ein Meer, daß nichts Vergossenes im Spiel die Erde netzt».

Ruth ist auch der Name von Benns Lieblingsschwester, und Else den Namen dieser Schwester zu geben, ist wieder ein Versuch, sie sich verwandt zu machen – wie eben auch der Titel «Söhne» der Gedichtsammlung, die er ihr widmen wird. Bruder, Sohn – Benn bietet sich zu vielfältiger Nähe an, und die Rollenverteilung Ruth und Boas zwischen ihr und ihm ist für einen protestantischen Pastorensohn fast schon ein Heiratsantrag.

Else Lasker-Schüler geht in den «Hebräischen Balladen» 1912/13 auf das Spiel mit den Rollen Boas – Ruth ein. Eines der beiden Gedichte, die sie dazu geschrieben hat, hat den Titel «Boas».

> Ruth sucht überall
> Nach goldenen Kornblumen
> An den Hütten der Brothüter vorbei –
>
> Bringt süßen Sturm
> Und glitzernde Spielerei
> Über Boas' Herz;
>
> Das wogt ganz hoch
> In seinen Korngärten
> Der fremden Schnitterin zu.

«Boas» ist ein Name, den sie später noch einmal vergeben hat, an Hugo Simon, aber wohl erst lange nach dem Bruch mit Benn. Jedenfalls sind die «Hebräischen Balladen» so sehr unter dem Einfluß Benns geschrieben, daß diese Ruth sich an Benn als Boas wendet, der sie ja auch als solcher angesprochen hat. «Süßer Sturm» – der Wortsinn mag hier doppeldeutig sein und auch damit zu tun haben, daß beide, sowohl Benn als auch Else, außer in der «Aktion» auch im «Sturm» veröffentlichten, der seit 1910 erscheinenden Zeitschrift von Herwarth Walden – und also war der Sturm, den die «fremde Schnitterin» brachte, ein «süßer» im Gegensatz zu dem dort sonst zwischen den Autoren ausgetragenen. Aber Boas hat eben auch seine eigenen Korngärten, in denen Ruth ihre goldenen Kornblumen sammelt – und sein Herz wogt ihr zu. Bilder einer zu diesem Zeitpunkt offensichtlich glücklichen Beziehung.

Das zweite Gedicht trägt den Titel «Ruth» und ist ein Selbstbildnis des Prinzen Jussuf als Frau.

Und du suchst mich vor den Hecken.
Ich höre deine Schritte seufzen
Und meine Augen sind schwere dunkle Tropfen.

In meiner Seele blühen süß deine Blicke
Und füllen sich,
Wenn meine Augen in den Schlaf wandeln.

Am Brunnen meiner Heimat
Steht ein Engel,
Der singt das Lied meiner Liebe,
Der singt das Lied Ruths.

Benn-Boas reagiert mit Leidenschaft, die aber vor allem um sich selbst kreist. Er hat es schwer, sich zu öffnen, schwer, von sich selbst abzusehen.

Die folgenden Zeilen am Schluß des bereits oben zitierten Gedichts haben, besonders im Vergleich mit Elses ruhiger Schlichtheit, den ausufernden Überschwang des Anfängers – allerdings, was für eines Anfängers! «Mit einem Gehirn wie ein Leuchtturm», wie Paul, Elses Sohn, über ihn gesagt hat.

Nun rüste einen Blick durch deine Lider:

Sieh: Abgrund über tausend Sternen naht.
Sieh: Schlund, in den du es ergießen sollst.
Sieh: Ich. –

In der Tat, dieses «Ich» schreibt sich mit einem Großbuchstaben.

Aber wir sind vorausgeeilt, wir haben das Gedicht von seinem Schluß her zu sehen angefangen. Wir müssen zurück an den Anfang, wo die versprochenen «Drohungen» sich nicht ganz so schicksalhaft, aber dafür desto sinnlicher formulieren.

Aber wisse:
Ich lebe Tiertage. Ich bin eine Wasserstunde.
Des Abends schläfert mein Lid wie Wald und Himmel.
Meine Liebe weiß nur wenig Worte:

Es ist so schön an deinem Blut. –

Kaum ein erotischeres Gedicht in der Weltliteratur, das ein Mann für eine Frau geschrieben hat, kaum ein offeneres Bekenntnis zur körperlichen Leidenschaft. Von der Prüderie der protestantischen Erziehung ist da nichts zu spüren, und schon gar nichts von der Verklemmtheit der Kaiserzeit.

Wieviel Schranken sind seitdem eingerissen in den Beziehungen zwischen Mann und Frau – aber kein Gedicht ist entstanden, das dieses an direktem Bekenntnis zur sexuellen Lust übertreffen würde, auch nicht in Frankreich und nicht im angelsächsischen Raum.

Mein königlicher Becher!
Meine schweifende Hyäne!
Komm in meine Höhle. Wir wollen helle Haut sein.
Bis der Zedernschatten über die kleine Eidechse lief:
Du – Glück –

«Mein königlicher Becher» – in dem Oratorium, das Benn 1931 für Hindemith schreibt und das er mit einer Widmung an Else Lasker-Schüler schickt, wird die Rede von den «Lechzenden» sein, die «aus zwei Bechern trinken, und beide Becher sind voll Untergehn». 1912 hat das Bild von dem königlichen Becher mit Benns und Elses König-Prinz-Spiel zu tun und ist innerhalb dieses Spiels eine erotische Vision vom Schoß der Frau.

«Meine schweifende Hyäne» – dagegen steht Elses Bild von «Giselheer, dem Tiger». Und der «Zedernschatten» – das ist der gemeinsame Traum von der Verwirklichung des Hohenliedes miteinander, jenes großen biblischen Wechselgesangs zwischen zwei Liebenden, das die Bibel dem König Salomo zuschreibt, das aber wahrscheinlich seinen Ursprung im Ägypten Josephs hat und von den mit Moses auswandernden Juden mitgenommen wurde. Etwa gleichzeitig beschreibt sich Else in den «Hebräischen Balladen» als «Sulamith» – die Geliebte im Hohen Lied.

> Oh, ich lernte an deinem süßen Mund
> Zuviel der Seligkeiten kennen …

fängt ihr Gedicht an und richtet sich wahrscheinlich auch wieder an den Gespielen. «Zedernschatten» jedenfalls liegen für Benn noch bei seinem Abgesang auf Else 1952 über ihrer Gestalt, er wünscht sie sich über ihrem Grab.

«Du – Glück –» endet Benn 1912 die Strophe seines «Alaska»-Gesangs, mit einem so einfachen wie großen Bekenntnis. So vorbehaltlos wird er in Zukunft nie wieder Gefühle für eine Frau bekennen, und nie wieder wird er so frei auch im Umgang mit der eigenen Person sein, daß er über sich selbst lachen kann:

> Ich bin Affen-Adam. Rosen blühn in mein Haar.
> Meine Vorderflossen sind schon lang und haarig.
> Baumast-lüstern. An den starken Daumen
> Kann man tagelang herunterhängen. –

Später wird er bei jedem Liebesbekenntnis seine Einsamkeit betonen, den unschmelzbaren Eisgürtel, den keine Frau überwinden kann. In der Zeit der ersten Leidenschaft für Else Lasker-Schüler ist das anders:

Ich treibe Tierliebe.
In der einen Nacht ist alles entschieden.
Man faßt mit den Zähnen, wonach man sich sehnt.
Hyänen, Tiger, Geier sind mein Wappen. –

Hier noch einmal die Wappentiere der Beziehung zwischen Benn und Else, die sie in ihren Dichtungen und Schriften übernehmen wird: die «schweifende Hyäne» für sie, den «Tiger» und den «Geier» für ihn. Die «Tierliebe» ist für ihn ganz zweifellos die im protestantischen Elternhaus verbotene Hingabe an die Lust anstelle der reinen Zeugungs- und Fortpflanzungsfunktion des Sexualaktes.

Für Else bedeutet «Tierliebe» etwas anderes – sie sieht wie Franz Marc in den Tieren die «reinen Seelen», wie sie den Menschen nach der Vertreibung aus dem Paradies verlorengegangen sind. Liebe unter Tieren ist in Elses Sinne reinere Liebe, weil sie ohne Angst vor dem Konflikt zwischen Gut und Böse stattfindet, der den Menschen durch die Vertreibung aus dem Paradies auferlegt ist. Elses Antwort an «Giselheer, den Tiger»:

Über dein Gesicht schleichen die Dschungeln.
Oh, wie du bist!

Franz Marc malte damals das Bild eines zugleich schläfrigen und wachen Tigers, der womöglich den Giselheer des Prinzen Jussuf, den Tiger der schweifenden Hyäne darstellt. Benns helle Augen hatten bis in seine späten Jahre jene wache Schläfrigkeit, die zunächst Else und nach ihr viele Frauen faszinierte – Tigeraugen.

Deine Tigeraugen sind süß geworden
In der Sonne.

Einen unmittelbaren Bezug auf Benns Gedicht nimmt sie mit den folgenden Zeilen:

Ich trag dich immer herum
Zwischen meinen Zähnen

So sagt es Benn:

Man faßt mit den Zähnen, wonach man sich sehnt.

und:

Ein Spalt voll Schreie ist dein Mund

und:

Du machst mir Liebe: blutigelhaft:
Ich will von dir. –

Else Lasker-Schüler ist zu ebenso gewalttätigen Bildern fähig wie er. Ihre Vision des Liebesspiels ist die eines rituellen Stammeskampfes oder der kindlichen Imitation davon im Indianerspiel:

Im Zwielicht schmachte ich
Gebunden am Buxbaumstamm –

Ich kann nicht mehr sein
Ohne das Skalpspiel.

Rote Küsse malen deine Messer
Auf meine Brust –

Bis mein Haar an deinem Gürtel flattert.

Die Fotos jener Jahre zeigen es: Else Lasker-Schüler ist auf der Höhe ihrer Schönheit, sie ist, obgleich über vierzig, mädchenhaft-androgyn und zugleich sehr weiblich. Von

Franz Marc, ihrem «blauen Reiter», stammt das schönste Bild von ihr, nackt, mit gesenktem Kopf, neben sich den schwarzen Schwan – als schwarzen Schwan Israels hat Peter Hille sie bezeichnet – und das offene rote Herz. Von Peter Hille stammt auch ihr Name «Tino, Prinzessin von Bagdad», und ein anderes Gedicht Benns aus dem «Alaska»-Zyklus bezieht sich auf diesen Namen, den er auf «To» verkürzt hat. Anziehung und Abstoßung, Liebe und Haß, die so oft in der Beziehung wie in den wechselseitigen Gedichten verschmelzen, machen auch die Spannung dieses sehr kurzen lyrischen Gebildes aus, das in seiner Verdichtung schon beinahe ein Haiku ist. Benn verdoppelt sich hier in einen Sänger, dessen Gesang er wiedergibt – Benn-Orpheus.

Einer sang:
Ich liebe eine Hure, sie heißt To.
Sie ist das Bräunlichste. Ja, wie aus Kähnen
Den Sommer lang. Ihr Gang sticht durch mein Blut.
Sie ist ein Abgrund wilder, dunkler Blumen.
Kein Engel ist so rein. Mit Mutteraugen.
Ich liebe eine Hure. Sie heißt To. –

Hure? Die Freizügigkeit, mit der Else in ihrem Café und unter den Malern und Dichtern, die für Herwarth Walden arbeiteten, ihre Gunst verteilte, mag dem Pastorensohn wie Hurerei erschienen sein. Hurerei war ihm, entsprechend dem Ehrenkodex der Offizierskasinos, in denen er verkehrte, auch die körperliche Leidenschaft, in die die ältere, erfahrenere Frau ihn einweihte – «mit Mutteraugen». Aber er begriff auch die Unschuld, das bewußte Außerachtlassen jeder Berechnung, jeder Absicht außer der, glücklich zu sein und glücklich zu machen – «kein Engel ist so rein». Sommer und Kähne geben einen zeitlichen Rahmen und einen Raum. Die Winternächte der Cafés sind vorüber, Benn und Else haben sich auf einem der vielen Lieferkähne, die damals Obst und

1913: Jussuf wird zum Malik, als Benn sich von ihr abwendet: «Er hat ein Loch in mein Herz gebohrt, das steht offen wie der Grund eines ausgelaufenen Auges.» Foto von 1918.

Gemüse, Fleisch und Eier nach Berlin hineinbrachten, aus den Straßen der Stadt hinausfahren lassen in die Weite der Havellandschaft, wie man es nach durchwachter Nacht gerne machte, um zwischen Schilf und Binsen auf dem Sand der märkischen Seenufer «bräunlicher» zu werden – und die Indianerrituale aufzuführen, wie Else sie erfand. Benns «Insel von Palau», Sehnsuchtsort mehrerer seiner Gedichte, könnte ursprünglich so eine Havelinsel gewesen sein, und Benn und Else darauf wie die nackten Zigeunerkinder des «Brücke»-Malers Otto Müller.

«Oh! Glück!» – diesmal sogar mit Ausrufungszeichen statt mit Gedankenstrich – heißt es auch in dem Gedicht «Madonna».

Gib mich noch nicht zurück.
Ich bin so hingesunken
an dich. Und bin so trunken
von dir. Oh! Glück!

Die Welt ist tot. Der Himmel singt
hingestreckt an die Ströme der Sterne
hell und reif. Alles klingt
in mein Herz.

Tieferlöst und schöngeworden
singt das Raubpack meines Blutes
Hallelujah.

Die Vorstellung von der toten Welt, in der nur er und sie lebendig sind, bewegt nicht nur Benn, sie kommt auch bei Else vor.

Alles ist tot
Nur du und ich nicht

heißt es bei ihr, und an anderer Stelle:

Wo mag der Tod mein Herz lassen?
In einem Brunnen, der fremd rauscht –

In einem Garten, der steinern steht –
Er wird es in einen reißenden Fluß werfen.

Mir bangt vor der Nacht,
Daran kein Stern hängt.

Denn unzählige Sterne meines Herzens
Vergolden deinen Blutspiegel.

Liebe ist aus unserer Liebe vielfältig erblüht.
Wo mag der Tod mein Herz lassen?

Um die Unsterblichkeit der Liebe geht es auch, die größer ist als der Tod:

Ich liebe dich wie nach dem Tode
Und meine Seele liegt über dich gebreitet.

Blut ist bei beiden ein Ausdruck des Lebens, in seiner lustvollen wie in seiner schmerzvollen Erfahrung.

Alle Blüten täte ich
Zu deinem Blut.

heißt es in einem der Gedichte, die Prinz Jussuf dem «Heiden Giselheer» gewidmet hat. Und für den Spielprinzen Giselheer schreibt sie:

Immer ging ich durch Granaten
Sah durch dein Blut

Die Welt überall brennen
Vor Liebe.

Und dem «Barbaren»:

Deine rauhen Blutstropfen
Süßen auf meiner Haut

Blut beginnt eine wichtige Rolle zu spielen, Blut, das unterscheidet, Blut, das verbindet. Benn besingt das «Raubpack meines Blutes», er besingt aber auch ihr Blut als von seinem «kaum getrennt».

> Du liebes Blut! Von meinem kaum getrennt!
> Tauschbar. Durchrausche mich noch einen Tag!
> Sieh: Stunden, frühere, ausgelebte,
> Da wir noch reif am Ufer hockten:
> Da ist das Meer und da die Erde –

Schmerzhafter:

> O was in Lauben unsres Fleischs geschah!
> Verwirrt im Haar, in Meer. Die Brüste bluten
> Vor Tanz, vor Sommer, Strand und Ithaka.

Blut gehört zur Frau, zum Liebesakt, zur Menstruation, zur Geburt.

> Als wir blutfeucht zur Welt kamen,
> waren wir mehr als jetzt.
> Jetzt haben Sorgen und Gebete
> beschnitten uns und klein gemacht.

«Beschnitten» steht hier in negativem Zusammenhang.

Ob es den Prinzen Jussuf durchzuckt hat, wenn die männliche Zugehörigkeit zu ihrem Volk «klein» machen soll?

Noch klingt es wie eine kleine Entgleisung gegen die Jüdin und Jussufs Zugehörigkeit zu seinem Volk, denn es geht weiter:

> Purpurgeschleiert steht meine Schönheit
> Tag und Nacht für dich.
> Was zitterst du?
> Ich übte mir flinke Sehnen an

für deine Wünsche,
o gieb sie mir!
Laß mich tanzen!
Fege meinen Saal.

Gelbe speichelnde Gerippe
weißhaarigen, griesgrämigen Bluts
drohen mir.
Ich aber will tanzen
durch dich
schleierlos
dein Blut. –

Dein Blut, also doch.

Nur: wer sind die gelben speichelnden Gerippe? Haben sie mit den Beschnittenen zu tun? Wahrscheinlich noch nicht, noch sind es Metaphern für etwas, das überaltert, zerstörungswürdig scheint angesichts des Aufbruchs in die Freiheit des neuen Jahrhunderts. Und Else selbst nennt ja in ihrem Lied «An mein Volk» die Kinder Israels das «morsche Felsgebein».

Der Mythos von Orpheus erzählt, daß Eurydike ins Totenreich geholt wurde – ob wider ihren Willen oder mit ihrem Einverständnis, das wissen wir nicht. Im Falle des preußischen Orpheus, so heißt es, vollzog sich der Bruch an einem Meeresstrand, auf Hiddensee, wo der Doktor Benn seine künftige Frau Edith Osterloh kennenlernte.

Schwer zu sagen, wann der Riß in einer Liebesbeziehung zum ersten Male auftaucht. Vielleicht war er immer schon da. Vielleicht ist er plötzlich aufgebrochen, wie der Sprung im Eis in der Tauwetterperiode. Jedenfalls wächst er von dem Augenblick an, da er erkannt worden ist, und die beiden Schollen, zwischen denen er sich auftut, treiben weiter und weiter auseinander. Was bleibt, ist der Traum, der sich aus Wünschen und Erinnerung zusammensetzt, und in den Köpfen der beiden, die auf den auseinanderstrebenden Schollen stehen, immer intensivere Gestalt annimmt, bis er dann, nach einer Weile, doch schwächer und schwächer wird. Aber Reste aus der Zeit des Zusammenhangs bleiben bestehen, lassen sich nicht verdrängen, auch wenn alles, was an Realität dazugehörte, den Fluß der Zeit hinabgetrieben ist. Wir können auch sagen: den Fluß, der das Totenreich – das Reich des Gewesenen – von dem gerade Geschehenen, dem sogenannten Realen trennt.

Benn und Else haben sich beide sehr früh mit der Existenz dieses Totenflusses beschäftigt, und als sie plötzlich beide auf seinen auseinanderdriftenden Eisschollen stehen und um sie die Realität des Jetzigen wichtiger wird gegenüber dem, was einmal war, haben sie zwei sehr verschiedene Arten der Verarbeitung.

Benn widmet seine Gedichtsammlung «Söhne» ganz offen der Freundin, der Geliebten, der strahlenden Mitte der literarischen Cafés: «ELS – ziellose Hand aus Spiel und Blut», und ELS freut sich darüber: «Der Cyclop Dr. Gottfried Benn hat mir seine neuen Verse: Söhne gewidmet, die sind mondrot, erdhart, wilde Dämmer, Gehämmer im Blut», schreibt sie an Franz Marc. Aber der Ton, mit dem er sie nun ansingt, seine Ruth, seine Madonna, seine To, seine schweifende Hyäne aus den «Alaska»-Gedichten – er ist in einigen Gedichten dieses neuen Zyklus deutlich abgekühlt, fast demütigend.

Ruths Kornfelder werden zurückgewiesen, ihre blauen Kornblumen als «Malmotiv für Damen» abgewertet.

> Vor einem Kornfeld sagte einer:
> Die Treue und Märchenhaftigkeit der Kornblumen
> ist ein hübsches Malmotiv für Damen.
> Da lobe ich mir den tiefen Alt des Mohns.

Da denkt man an Blutfladen und Menstruation.
An Not, Hungern, Röcheln und Verrecken –
Kurz: an des Mannes dunklen Weg. –

So ein Macho!

Sogar die Märchenhaftigkeit wirft er ihr noch vor. Und des Mannes dunkler Weg muß es nun sein, statt des: «Oh! Glück!» der vorangegangenen Monate. Andererseits ist die Aussage bei näherem Hinsehen doch zweideutiger. Else war ja nun wirklich keine malende Dame – wenn sie malte, dann auf geklauten Telegrammformularen aus dem Hauptpostamt. Und Menstruation samt Blutfladen ist ja auch eher des Weibes dunkler Weg als der des Mannes. Oder sollte der Doktor Benn die Freundin vielleicht sogar als Mann gesehen haben, trotz Menstruation und Blutfladen? Immerhin handelt es sich bei Else ja um den Prinzen Jussuf, also ein Wesen, das sich nicht als Frau verstanden wissen wollte – weiter oben haben wir das bereits gesehen. Verrecken, Hunger und Not – hier als des Mannes dunkler Weg bezeichnet – sind ja auch durchaus Elses Lebensumstände, von der Benn in seinem Nachruf sagen wird, daß sie sich meist von Nüssen und Obst ernährte und in allen Lebenslagen arm war.

Nein, der Herr Doktor ist hier schlicht und einfach nicht ganz ehrlich mit sich. In der Tat ist er es, der den dunklen Weg des Prinzen Jussuf, sein Herumwandern, seine unbürgerliche Wohnungslosigkeit, seine Armut nicht mehr erträgt. Er, der Doktor Benn, strebt eigentlich doch nach einem Wesen von kornblumenhafter Anmut und Treue an seiner Seite, und da Else bzw. der Prinz Jussuf für so eine Rolle ungeeignet ist, muß eine andere her, eine Respektable, eine echte Dame der Gesellschaft – etwas zum Vorzeigen auch bei Tageslicht und nicht nur in den dunklen Höhlen des Berliner Nachtlebens.

Eben jene Edith Osterloh, die er auf Hiddensee kennenlernt genau zu dem Zeitpunkt, als er eigentlich dort mit Else die «Meere» besichtigen will, die in ihrem Gedichte-Dialog eine so wichtige Rolle spielen.

Folgerichtig stellt Else denn auch fest:

> Aber dein Herz läßt keine Meere mehr ein.

Und sie leidet. In aller Öffentlichkeit.

> Deine Küsse dunkeln auf meinem Mund.
> Du hast mich nicht mehr lieb.
>
> Und wie du kamst –!
> Blau vor Paradies;
>
> Um deinen süßesten Brunnen
> Gaukelte mein Herz.
>
> Nun will ich es schminken
> Wie die Freudenmädchen
> die welke Rose ihrer Lenden röten.
>
> Unsere Augen sind halb geschlossen,
> Wie sterbende Himmel –
>
> Alt ist der Mond geworden.
> Die Nacht wird nicht mehr wach.
>
> Du erinnerst dich meiner kaum.
> Wo soll ich mit meinem Herzen hin?

Oder auch:

> Ich hab in deinem Antlitz
> Meinen Sternenhimmel ausgeträumt.

Alle meine bunten Kosenamen
Gab ich dir,

Und legte die Hand
Unter deinen Schritt,

Als ob ich dafür
Ins Jenseits käme.

Immer weint nun
Vom Himmel deine Mutter

– ja, da ist sie, Caroline Jecquier vom Lac de Neuchâtel, die den kleinen Gottfried mit französischen Liedern einsang, da ist sie und zeugt als leibliche Mutter für die geistige –

Da ich mich schnitzte
Aus deinem Herzfleische,

Und du so viel Liebe
Launisch verstießest.

Dunkel ist es –
Es flackert nur noch
Das Licht meiner Seele.

Sie sieht die Spaltung in seiner Persönlichkeit, die eine Spaltung in seinen Sehnsüchten ist, an der er bis zu seinem Ende leiden wird.

IchundIch des Doktor Benn. Eigentlich möchte er der Bürgerschreck sein mit den düsteren Ambitionen, der in der Hölle der Einsamkeit schmort, in seinem tiefsten Wesen unverstanden, hingegeben den dunklen Mächten – aber kaum spielt er mit ihnen, da überfällt ihn die Erkenntnis, daß ein geordneter Haushalt, ein gutgeschnittener Anzug, ein edles

Parfüm, eine gesicherte Stellung in der Gesellschaft auch ihr Gutes haben. Und er hebt Blutfladen und Geröchel für die Verarbeitung im Gedicht auf und geht erst einmal in die nächste Kneipe, um diese Breughel-Visionen dort auf einem Zettel oder Zeitungsrand zu notieren, einsam zwar auch, anonym, aber beim Bier, wo weder das Damenhafte noch das prophetenhaft Wandernde hinreicht. Und so hat er es bis an sein Lebensende gehalten.

Folgerichtig spaltet Else ihren Freund – und das schon von Anbeginn der Bekanntschaft – in zwei Dialogpartner, in den Herrn Doktor nämlich, der ihr mehr und mehr mit dem Doktor Faust verschmilzt, und den Giselheer, den jüngsten der Nibelungen, der mit seinen verbrecherischen Brüdern in Etzels Halle verbrennen muß, schuldig-unschuldig, dem seine Nibelungentreue zum Verhängnis wird. Da Else sich selbst als Jussuf-Joseph zum Traumdeuter und Propheten ihres Volkes erklärt, sind die Positionen von jetzt ab klar: hier stehen sich Judentum und das sogenannte «deutsche Wesen» als Mann und Frau, als Doktor Faust und Sulamith-Margarethe gegenüber, hier sehen sich Orient und Okzident in die Augen, zumindest in den Visionen der Else Lasker-Schüler.

Aber auch der Doktor Benn hat die deutsch-jüdische Dimension des Konfliktes gesehen. Im Zentrum des Else Lasker-Schüler gewidmeten Gedichtzyklus «Söhne» steht das Gedicht «Mutter», das richtet sich also nicht nur an seine leibliche Mutter, sondern auch an die Geburtshelferin seiner Lyrik und schließt auch die Rolle mit ein, die die Mutter nach jüdischem Denken in der Vererbung der Volks- und Religionszugehörigkeit spielt.

Mutter.

Ich trage dich wie eine Wunde
auf meiner Stirn, die sich nicht schließt.

1913: «Söhne», die Gedichtsammlung, die Benn ihr widmet. «Ich bin so hingeströmt an dich und bin so trunken von dir – oh – Glück –.»

Sie schmerzt nicht immer. Und es fließt
das Herz sich nicht draus tot.
Nur manchmal plötzlich bin ich blind und spüre
Blut im Munde.

Dieses Gedicht hat im Zyklus die Zahl 6 des Judensterns.

Nicht zufällig gibt es bei Else Lasker-Schüler einen korrespondierenden Vers, den Benn in seiner Rede auf sie 1952, als sie sieben Jahre tot ist, zum Abschluß zitiert.

Du wehrst den guten und den bösen Sternen nicht.
All ihre Launen strömen.
Auf meiner Stirne schmerzt die Furche
Die tiefe Krone mit dem düsteren Licht.

Gedichte bezeichnen auch den Abschied – allerdings nur den von der Hoffnung auf ein gemeinsames Leben, denn die Freundschaft bleibt noch lange bestehen. Immer wieder werden sie als gegenseitiger Abgesang zitiert: Benns «Hier ist kein Trost» und Else Lasker-Schülers «Höre».

Schwer zu sagen, in welcher zeitlichen Abfolge sie entstanden sind, welches zuerst da war und welches die Antwort ist. Sie verschränken sich auch ineinander, und Gedichte haben ohnedies oft eine Zeit der Entstehung über einen längeren Zeitraum. Manchmal ist da nur eine Zeile, um die sich nach und nach, wie Schichten auf das perlenauslösende Sandkorn in der Muschel, neue Zeilen legen, die auch durch andere ausgetauscht werden können. So gibt es für Benns Zeile «Hier ist kein Trost» in der gleichen Sammlung – in den «Söhnen» nämlich – noch ein zweites Gedicht. Es liest sich wie eine Introduktion zu dem ersten.

Ein Mann spricht:

Hier ist kein Trost. Sieh, wie das Land
auch aus seinen Fiebern erwacht.
Kaum ein paar Dahlien glänzen noch. Es liegt verwüstet
wie nach einer Reiterschlacht.
Ich höre Aufbruch in meinem Blut.
Du, meine Augen trinken schon
sehr die Bläue der fernen Hügel.
An meine Schläfen streift es schon.

Möglich, daß Else Lasker-Schüler direkt darauf geantwortet hat. Daß sie ihn aufwecken wollte aus diesem trügerischen «Aufbruch» aus dem nach der Reiterschlacht verwüsteten Land (welch starkes und direktes erotisches Bild).

Höre.

Ich raube in den Nächten
Die Rosen deines Mundes,
Daß keine Weibin Trinken findet.

Die dich umarmt,
Stiehlt mir von meinen Schauern
Die ich um deine Glieder malte.

Ich bin dein Wegrand
Die dich streift,
Stürzt ab.

Fühlst du mein Lebtum
Überall
wie ferner Saum?

Dieses Gedicht muß für Benns Leben von außerordentlicher Bedeutung gewesen sein. Er zitiert es in dem Nachruf auf Else 1952, als er davon ausgehen konnte, daß niemand außer ihm sich noch auf die Zusammenhänge besinnen würde, zumindest nicht unter den Leuten, die damals im «British Council» vor ihm saßen. Er zitiert es und gibt zu, daß er dieses Lebtum als fernen Saum «immer gefühlt» hat. Was er nicht sagt, ist, daß die Prophezeiung «Die dich streift, stürzt ab» sich in seinem Leben auf geradezu unheimliche Weise erfüllt hatte.

Benns zweites Gedicht «Hier ist kein Trost» liest sich wie eine Antwort. Eine Abweisung. Aber nicht nur an ELS – «keiner wird mein Wegrand sein». Und Elses Landschaften, Ägypten und Asien, dämmern auf wie eine Verheißung, nachdem die Abweisung ausgesprochen ist.

Keiner wird mein Wegrand sein.
Laß deine Blüten nur verblühen.
Mein Weg flutet und geht allein.

Zwei Hände sind eine zu kleine Schale.
Ein Herz ist ein zu kleiner Hügel,
um dran zu ruhn,
Du, ich lebe immer am Strand
und unter dem Blütenfall des Meeres,
Ägypten liegt vor meinem Herzen,
Asien dämmert auf.

Mein einer Arm liegt immer im Feuer.
Mein Blut ist Asche. Ich schluchze immer
vorbei an Brüsten und Gebeinen
den tyrrhenischen Inseln zu:

Dämmert ein Tal mit weißen Pappeln
ein Ilyssos mit Wiesenufern

Eden und Adam und eine Erde
aus Nihilismus und Musik. –

Aus diesem Gedicht, das als Abweisung beginnt, spricht unversehens eine Sehnsucht nach dem verlorenen Glück, ein Leiden an der Asche, die jetzt statt des Blutes da ist – Trauer um das Verlorene.

Ganz ähnlich auch in dem ersten kurzen Prosastück «Nocturno», indem er die «ganze wehende Süße» beklagt – «überall würden Städte sein, in denen sie nicht war, man konnte Meere durchfahren, und sie blieb doch verloren.» So schreibt der künftige Ehemann der Edith Osterloh, von dem die Gesellschaft und die schöne, umschwärmte Braut erwarten dürften, daß er sich auf die Ehe und auf Haus und Praxis vorbereitet. Statt dessen geht er zunächst einmal auf Reisen, als Schiffsarzt nach New York – er durchfährt also die Meere, um sich selbst zu beweisen, daß «sie» «doch verloren» bleibt.

Einsamkeiten.
1913 – 1914

Edith Osterloh muß sich schnell darauf einstellen, daß sie als Frau Benn einsamer ist, als sie zuvor war. Sie wird daran zugrunde gehen. Denn Benn hält Else auf die seltsame Weise die Treue, daß er die Frauen, die er statt ihrer nimmt, noch unglücklicher macht als sie, daß er sie alle «abstürzen» läßt.

Und also ist er auch Edith Osterloh nicht treu. Möglicherweise hat er sie zwischendurch ab und zu einmal mit dem Prinzen Jussuf betrogen, ganz sicher aber mit einer Anzahl anderer Frauen, die dem helläugigen Tiger ebenso verfielen wie Else, wie Edith Osterloh.

«Don Juan» sei dazwischengekommen, behauptet er – und offenbar zu dem gleichen Zeitpunkt, als Else Lasker-Schüler ihrem getreuen Halbbruder Ruben = Franz Marc erklärt, er habe sie «bei der Treue ertappt» – der Treue zu Giselheer nämlich. Sie tut das, wie in dem an Herwarth Walden gerichteten Briefroman «Mein Herz», mit einer Reihe von Briefen an Franz Marc, die sie jedoch nicht mehr als Jussuf, sondern als «Malik», als orientalischer Gegenkaiser, schreibt. Diese Briefe veranlassen Franz Marc, ihr jene berühmten bemalten Postkarten zu schicken, die als «Botschaften an den Prinzen Jussuf» in die Kunstgeschichte eingegangen sind. Sie muß schrecklich gelitten haben. Die Bilder, die sie findet, um ihren Zustand zu beschreiben, gehören zu ihren düstersten: Benn habe «ein Loch in mein Herz gebohrt, das steht offen wie ein ausgelaufenes Auge». Es gehören jedoch auch in diesem Augenblick noch Witz, Gelächter über sich selbst zu ihren Fähigkeiten – die dem düstren Herrn Doktor vergleichsweise selten gegeben sind: «Ach, könnte ich mich doch in mich selbst verlieben, ich liege mir so nahe» – ein Stoßseufzer, den jede unglückliche Frau ihr gerne nachspricht.

Von ihren Geschenken spricht sie, die sie ihm gemacht hat. Sie erwähnt dabei nicht, daß sie sich möglicherweise seinetwegen von Herwarth Walden hat scheiden lassen. Einen Haufen bunten Spielzeugs beschreibt sie, von dem sicher jedes einzelne Stück einen Bezug zu der kurzen Phase des Glücks hat, die sie mit ihm hatte, aber auch zu seiner dichterischen Selbstfindung, zu der sie ihm verhelfen konnte. Eine Levkoje, von der Erde gepflückt, eine Mondsichel vom Himmel, eine Tüte Bonbons, womit die Süßigkeiten des Liebesspiels gemeint sein mögen, ein Kristall, durch den man die Zukunft sehen kann oder die Wahrheit oder beides … und eine kleine Kindertrompete, seine dichterische Stimme. Für sie ist die Welt ein Spiel, den Menschen von Gott in den Schoß geworfen, so wie sie ihre Kostbarkeiten vor Benn ausgebreitet hat – der eine Zeitlang mit ihr und mit ihnen spielte und sie dann achtlos liegenließ in der Hoffnung auf Besseres, das es, wie er gegen sein Lebensende hin feststellen muß, nicht gab und nicht geben konnte. Daß ihre Gedichte an ihn – der Zyklus also, der in ihren Gedichtsammlungen unter dem Titel «Doktor Benn» erscheint – zum großen Teil nach der Enttäuschung über ihn entstanden sind, wird schon aus dem Untertitel deutlich, den sie ihnen gegeben hat: «Der hehre König Giselheer stieß mit seinem Lanzenspeer mitten in mein Herz».

Sie bezieht sich damit auf den Titel des Romans «Mein Herz – niemandem!», der zu Beginn oder vor Beginn der gemeinsam erlebten Leidenschaft stand. Es gibt auch eine Zeichnung von ihr, auf der sie ihr Herz dem Giselheer zum Geschenk macht. Er hätte es nur annehmen und behalten müssen. Warum konnte er das nicht – warum «verstieß» er «so viel Liebe» «launisch», wie die verletzte Else es damals gesehen hat?

In ihrem Zimmer zurückgelassen spricht sie mit imaginären Vögeln und sucht nach dem verlorengegangenen «Fetzen Paradies», das sie mit ‹Affen-Adam› hatte. Am Anfang des «Malik»-Romans wird ihr eben dieses Zimmer zum Sarg: «Meine Spelunke ist ein langer, banger Sarg, ich habe jeden Abend ein Grauen, mich in den langen, bangen Sarg niederzulegen. Ich nehme schon seit Wochen Opium, dann werden Ratten Rosen und morgens fliegen die bunten Sonnenfleckchen wie Engelchen in meine Spelunke und tanzen über den Boden, über mein Sterbehemd herüber und färben es bunt, o ich bin lebensmüde. Feige und armselig sind die Kameraden, kein Fest, keine Schellen. Alle meine Girlanden hängen zerrissen von meinem Herzen herab. Ich bin allein auf der Welt lebendig, auf der Hochzeit des leichtlebigen Monats mit der Blume, und ich werde täglich allein begraben und ich weine und lache dazu ... – In der Nacht spiele ich mit mir Liebste und Liebster, eigentlich sind wir zwei Jungens. Das ist das keuscheste Liebesspiel auf der Welt ...»

Das Spiel, sich in sich selbst zu verlieben, wird in dem «Malik»-Roman zu einer dauernden Wiederholung der Glücksmomente, die sie mit Giselheer hatte. Der erscheint jetzt als «Kreuzritter». Der «Malik», in den Jussuf sich verwandelt hat, will ihn heiraten, in einer «Kaiserhochzeit», wie sie zur Zeit der Entstehung des Romans 1913 gerade die deutsche Hauptstadt in Fieber versetzte und zu der letzten großen Versammlung gekrönter Häupter in der Metropole des Reiches vor dem Ersten Weltkrieg führte.

Der Malik, als der zum Kaiser gekrönte Jussuf, kann sich natürlich auch verheiraten wie ein Kaiser – oder wie der Doktor Benn, der gerade seine Edith Osterloh heimführt. «Zur Kaiserheirat gehört weiser Beirat. Ich betrachte die Ehe eines Kaisers als politische Angelegenheit, die Verantwortung wäre ja sonst ungeheuer», sagt der Malik, und Spott über die «politische» Heirat der Hohenzollerntochter Viktoria Luise schwingt ebenso mit wie über die des untreuen Geliebten.

Else erschafft sich die Erfüllung ihrer Träume in der Fiktion, aber sie ist hart genug, immer wieder die Realität dagegenzusetzen. Franz Marc schreibt sie: «Du freust Dich über meine ‹neue Liebe› – Du sagst das so leicht hin und ahnst nicht, daß Du eher mit mir weinen müßtest – denn – sie ist schon verloschen in seinem Herzen, wie ein bengalisches Feuer, ein brennendes Rad – es fuhr mal eben über mich. Ich erliege ohne Groll dieser schweren Brandwunde.»

Aber auch diese Realität verkehrt sich gleich wieder in Fiktion – die oft tiefer in die weiter unten liegenden Schichten der Wahrheit vordringt, als es eine Beschreibung sogenannter Wirklichkeit tun könnte.

«Die älteren Leute gedachten des Kampfes, den sie unter der Anführung des noch damaligen Prinzen Jussuf gegen eine Arierschar erfahren mußten. Umschlungen auf einem Weizenfelde sah ein verwundeter Thebetaner die beiden Fürsten der feindlichen Heere im silbernen Brote stehen und sich inbrünstig küssen. Durch Theben aber tönte die Siegeskunde, der Prinz habe die Christenhunde in die Flucht geschlagen. In Wirklichkeit jedoch hatten sich die beiden verliebten Anführer, Giselheer und Jussuf, ihrer Heere geeinigt. – Dem Herzog von Leipzig war schon in den ersten Tagen seiner Vizeregentschaft dieses Kriegsgeheimnis zu Ohren gekommen; nicht die ungeheure Begebenheit erboste ihn, aber die Leichtfertigkeit, mit der dieser Nibelunge, dessen Herz in der Sonne Thebens süß geworden war, seinen schwärmerischen kaiserlichen Freund verlassen konnte.»

Der Malik, der einmal Jussuf war, ist aber durchaus nicht nur in Träumen befangen und auch nicht allein in Erinnerungen. Johannes Holzmann, der «Spielfreund Senna Hoy», einer der ersten Begleiter Elses, als sie noch Tino von Bagdad war (und vielleicht der Vater ihres Sohnes Paul), liegt in einem Gefangenenlager in Rußland, wo er den dortigen Anarchisten zu Hilfe eilen und für die Befreiung der Juden von Verfolgung und Diskriminierung kämpfen wollte. Wie der tapfere Jussuf es geschafft hat, ist bis heute nicht ganz klar und im Malik-Roman stehen auch nur Andeutungen: Es gelang Else Lasker-Schüler, nicht nur nach Rußland zu reisen, nicht nur eine Audienz bei der Zarin zu erwirken, nicht nur bis in das Lager Metscherskoje vorgelassen zu werden und den sterbenden Johannes Holzmann dort noch lebend zu finden, um ihm im Tode beizustehen – sie durfte auch seinen Leichnam zurück nach Deutschland überführen:

«Als der Malik hörte, daß sein verschollener Liebesfreund schon acht Jahre im Kerker von Metscherskoje im Lande des Pogroms schmachtete, strich er das Gold von seinem Augenlide … Der Malik wurde von der Zarewna in Audienz empfangen; in ihren ernsten Kaiserinnenhänden lagen Jussufs Liebesgedichte in weißem Brokat. Vom Glücksstern der Großfrau von Rußland geleitet, erreichte der Malik nach kurzen Gepflogenheiten mit der Justiz die Aushändigung seines unschuldigen, himmlischen Spielgefährten … Bewacht von einer Anzahl Kosaken im obersten Gewölbe des russischen Towers zu Metscherskoje fand der Malik den Freund. Der gefangene, heilige Feldherr richtete sich sterbend von seinem Lager auf, als er Jussuf erblickte und rügte ihn zärtlich besorgt seiner Unvernunft. Aber ein verblutendes Morgenrot überzog zum letzten Male das wundervolle Antlitz Saschas, und Jussuf Abigail, der weinende Malik, schämte sich über den kleinen Splitter Gefahr, der er sich ausgesetzt hatte, neben der bedrohten ehernen Geduld seines liebsten Gespielen, dessen Glieder zum Gerippe abgemagert waren; in seinen Lungen fraß der Bazill. – In der Nacht noch ließ ihn der Malik einbalsamieren.»

Else Lasker-Schüler hatte sich am Zarenhofe als wirklicher Prinz vorgestellt und damit immerhin bei der Zarewna Glauben gefunden. Ihre prinzliche Autorität hätte ELS gerne noch öfter in die Politik eingebracht. So wollte sie nach ihrem Weggang aus Deutschland Benito Mussolini, den Duce, aufsuchen und ihn um Hilfe gegen Hitlers Judenpolitik bitten. Sie war überzeugt, ihn kraft ihrer prinzlichen Autorität zu einer Audienz bewegen zu können. Auch beim ersten Treffen des Jüdischen Weltkongresses wollte sie so auftreten, und als sie darauf hingewiesen wurde, daß sie nicht delegiert sei, trumpfte sie auf: «Ich bin ein Fürst.»

Das «Malik»-Buch erschien 1919, umspannt also die Jahre des Ersten Weltkrieges:

«Seines Bruders Ruben Rat vermißte Jussuf schwer in der Art seiner Stellungnahme an dem Weltkrieg. Abigail Jussuf war fest entschlossen, unter keinen Bedingungen sich an dieser Menschenschlacht zu beteiligen.» Ja, Jussuf vermißte Franz Marcs Rat in diesem Falle, denn leider begeisterte sich Franz Marc, wie das gesamte Volk und auch die Schriftsteller, mit Ausnahme des Prinzen Jussuf und einiger weniger anderer, für diesen Krieg. Hellsichtig weiß Prinz Jussuf, wie diese «Katharsis» ausgehen wird, nach der die jungen Intellektuellen sich sehnen, weil sie von ihr eine Erneuerung der verlogenen und ungerechten Gesellschaft des Kaiserreichs erhoffen.

«Einige von den Rittern baten den Kaiser, sich über den Weltkrieg zu äußern. Aber der hellseherische Malik ahnte, wen der Tod von den stürmisch Fragenden bald brechen würde, und er vermochte sich nicht gleich zu sammeln.»

und:

«Der Malik erzählte von dem fürchterlichen Gesicht, das Er einige Tage vor dem Kriege gehabt hatte. Ihm habe geträumt, Er wäre der Kaiser Wilhelm gewesen und drei Riesenschlangen seien seinem Lager entstiegen, die Gescheckte neigte sich, Ihn zu beißen, als Er jäh erwachte und gerettet war.» Jussuf-Malik also sah das Kommende hellsichtig voraus.

Der Doktor Benn heiratete indessen und richtete sich ein, um Haushalt und Praxis gleich wieder zu fliehen. Er ließ sich auch wieder mit der kaiserlichen Armee ein. Mit ihr zog er als Sanitätsoffizier nach Flandern, wo er in einem Brüsseler Krankenhaus entfernt von der Front syphilitische Soldaten und Prostituierte versorgte. Mit Sicherheit hat er sich an Jussufs Diskussionen über den Krieg und an den Warnungen davor nicht beteiligt. Und die Versuche, ihn für den Hofstaat des Malik zurückzugewinnen, wenn er auf Heimaturlaub in Berlin war, schlugen fehl.

«Aber täglich zerriß eine Glaubensfalte des Maliks, ihn befremdete das geflügelte Herz Giselheers mit seiner gezügelten Liebe, das sich vor willenlosem, süßem Überschäumen *standhaft* bewahrte.»

und:

«Nun war es zu spät, wie es der Traurige selbst am besten wußte durch den abschiednehmenden Brief seines heißgeliebten Gisels ... verblüffend und ernüchternd wirkte auf den romantischen Jussuf die grüßende Unterschrift Editha vom Sachsenlande (= die aus Dresden stammende Edith Osterloh). Wohl anzunehmen, die hohe Braut des Nibelungen. Und dennoch trug er das wankelmütige Schreiben auf seinem Herzen oder legte es gefalten, ein zehnfach veredeltes weißes Rosenblatt, zwischen seine Lippen. Und er dachte daran, wie einmal Asser zu ihm sagte, die Liebe des Abendlandes sei eine Tätigkeit und nicht wie hier des Herzens goldene Eigenschaft.»

Damit ist der Unterschied ausgedrückt: für Benn ist die Liebe eine Tätigkeit, von der er zu einer anderen Tätigkeit übergehen muß, für Else eine Eigenschaft des Herzens, die sich nicht einfach aufgeben läßt.

Else leidet, und Benn tut so, als litte er nicht. Er setzt an die Stelle des Gefühls den Belcanto-Wohllaut seiner Wortgebilde, die gerade wegen ihrer innersten Unverbindlichkeit so verführerisch klingen. In der Tat, in diesem Doktor Faust schlummert auch ein Don Juan, der von jetzt an den Frauen, die ihn interessieren, Ständchen bringen wird, und die besungenen Damen finden das köstlich, bis ihnen klar wird, daß die Versatzstücke, deren er sich da bedient, aus dem Arsenal stammen, das er in sehr viel früherer Zeit und für eine andere angelegt hat.

Don Juan gesellte sich zu uns:
Frühling: Samen, Schwangerschaft und Durcheinandertreiben.
Feuchtigkeiten ein lauter Rausch.
Ein Kind! O ja, ein Kind!
Aber woher nehmen und nicht – sich schämen.
Mir träumte einmal, eine junge Birke
schenkte mir einen Sohn. –
Oh, welch ein Abend! Ein Veilchenlied des Himmels
den jungen Rosenschößen hingesungen.
Oh, durch die Nächte schluchzt bis an die Sterne
mein Männerblut. –

Die jungen Rosenschöße ... die Birke ... die Veilchenhimmel, das ist nicht Elses Welt, sondern die Welt der Damen, zu der sie nicht gehört.

Aber schon bald erscheinen sie wieder, die Bilder, die der Welt des Prinzen Jussuf entlehnt sind, und bleiben bis zum Schluß in seinen Gedichten: die Levkojen, die Rosen, die Schwanenlieder, die Zedernschatten, das Schilf der nächtlichen Seen, auch ihr Mohn mitsamt den zugehörigen opiatischen Wirkungen entfaltet sich rot, Jussufs Blau, sein Ägypten, sogar sein armseliger Wasser-«Kakau», den er mangels Geld im Café immer bestellte – und schon gibt es wieder du und du, der ferne Saum berührt, jetzt ist es der Gottes. Wie oft mag so ein nächtliches Treffen in Berlins

Straßen und in den Cafés wieder zum Auflodern der alten Leidenschaft geführt haben.

Es lohnt kaum den Kakau. Dann schiebt man ein
Und stürzt: ich bin an Gottes Saum hervor;
Liebst du mich auch? Ich war so sehr allein.

Es folgt ein Stück Bennscher Welt-Ekel des Jahres 1914, aus dem dieses Gedicht stammt:

Das Weserlied erregt die Sau gemütlich.
Die Lippen weinen mit. Den Strom herunter.
Das süße Tal! Da sitzt sie mit der Laute.

Der Ober rudert mit den Schlummerpünschen.
Er schwimmt sich frei. Fleischlaub und Hurenherbste,
ein welker Streif. Fett furcht sich. Gruben röhren.
Das Fleisch ist flüssig; gieß es, wie du willst,
Um dich.
Ein Spalt voll Schreie unser Mund.

«Ein Spalt voll Schreie ist dein Mund», hieß es in dem ersten großen Rauschgedicht aus dem «Alaska»-Zyklus von 1912.

Es mag indiskret sein darüber nachzudenken, ob Benns Gedicht aus dem «Söhne»-Zyklus, in dem er darüber nachdenkt, ob er ein Kind haben will oder nicht, sich mehr an seine künftige Frau Edith Osterloh oder doch noch eigentlich an Else richtet.

Wäre Else von ihm schwanger gewesen, hätte der Herr Doktor ihr das Kind möglicherweise abgetrieben. Ist das sogar geschehen?

Nun liegt sie in derselben Pose,
wie sie empfing,
die Schenkel lose
im Eisenring

Der Kopf verströmt und ohne Dauer,
als ob sie rief:
gib, ich gurgle deine Schauer
bis in mein Tief

Der Leib noch stark von wenig Äther
und wirft sich zu:
nach uns die Sintflut und das Später
nur du, nur du...

Die Wände fallen, Tisch und Stühle
sind alle voll von Wesen, krank
nach Blutung, lechzendem Gewühle
und einem nahen Untergang.

Schreckliche Vorstellung, für die es aber einen Hinweis gibt: Als nämlich seine Frau Edith Osterloh dann tatsächlich ein Mädchen bekommt, zeichnet Jussuf eine Postkarte, auf der er «mit Giselheers Mägdelein spielen» will. In der Hand hält er da einen Curettage-Löffel, also das Gerät, das damals für Abtreibungen benutzt wurde, und seine Zunge hängt heraus, als wollte er das kleine blonde Kind auf seinem Schoß auflecken. Das «Mägdelein» ist wie mit einem Radiergummi ausradiert, so daß es eher eine farbige Wolke als es selbst ist. Jussuf sieht sehr böse aus auf diesem Bild.

Wurde Elses Kind, wenn es denn existiert hat, abgetrieben, weil sie Jüdin war? War Benn doch schon damals Antisemit? Einige seiner Freunde aus der Armee waren zweifellos judenfeindlich eingestellt, und Rassen- und Abstammungslehre beschäftigte die Mediziner jener Jahre nicht nur in

Der junge Dichter, Alaska-kalt. «Laß deine Blumen nur verblühn», schreibt er, und sie: «Die dich streift, stürzt ab.» (nicht datiertes Foto)

Deutschland, sondern in ganz Europa. Benn als Sohn eines protestantischen Pfarrers muß zudem mit den antisemitischen Tiraden des Doktor Luther imprägniert gewesen sein. Die Predigten in den lutherischen Kirchen jener Jahre – wie die des Berliner Hofpredigers Stöcker – hatten oft militant antisemitischen Charakter.

In ihrem dritten Gedicht aus dem Gottfried-Benn-Zyklus von 1912 fordert Prinz Jussuf, «Giselheer, den Knaben» auf, «König und Prinz» mit ihm zu spielen – «ich habe keine Heimat», sagt sie und weist damit auf die Symbolfigur des «wandernden Juden» hin, die seit Jahrhunderten durch die deutsche Literatur ging, auch auf den Stern, der ihr Schicksal ist, durch den sie auserwählt ist und wegen dessen Helligkeit sie nicht schlafen kann. Und sie fürchtet, dieser Stern trennt sie von ihm wie ihn von ihr. Durch das Spiel ließe sich dieser Konflikt aufheben, könnten beide eine andere Identität finden, als Kinder, die «König und Prinz» sein wollen: König Giselheer und Prinz Jussuf.

Giselheer, dem Knaben.

An meiner Wimper hängt ein Stern.
Es ist so hell.
Wie soll ich schlafen –
Und möchte mit dir spielen.
– Ich habe keine Heimat –
Wir spielen König und Prinz.

«So ein Barbar!» schreibt sie an Franz Marc im «Malik»-Buch. «Ich war der jähe Hügel der Weinreben, pochende Beeren trug ich im Haar, wenn er sich die Eber briet gar, gaukelte ich über sein Leben. Du lieber blauer Reiter, ich schrieb darum die ganze Woche nicht, ich war krank. Den Doktor Benn rief ich, der meinte, das Loch in meinem Herzen könnte man mit einem einzigen Faden zunähen.»

Nach ihrer Scheidung von Herwarth Walden hat ELS nicht wieder geheiratet, während Benn es in seinem Leben auf drei Ehen gebracht hat, von denen nur die letzte, nach Elses Tod geschlossene, nicht unglücklich war. Auch seine zahlreichen außerehelichen Beziehungen waren bedroht, keine brachte ihm oder den Frauen, mit denen er zusammen war, jenes vorbehaltlose «Oh! Glück!» des Sommers von 1912, der für ihn wie für sie auch dichterisch eine außerordentlich produktive Zeit gewesen ist. Immer wieder wird darauf hingewiesen, daß Else es auch mit anderen Männern nicht ausgehalten hat oder vielmehr diese mit ihr nicht, zu verrückt sei sie gewesen, sie sei, wenn sie nicht anders in Wohnungen gelangen konnte, durch den Balkon eingestiegen, habe auch, im Falle Benn wenigstens, den Geliebten aus Verlustangst mit dem Messer bedroht.

Andererseits sagt man Gottfried Benn nach, daß seine plötzliche Kälte, seine Unfähigkeit, längere Zeit bei einer Geliebten oder Ehefrau auszuhalten, seine Beziehungen unerträglich machten, so daß sie in drei Fällen tödlich endeten. Einer späteren Freundin wird er schreiben:

« ... Ich wußte genau, warum du weintest, ich habe nur oft, ja meistens, so viele Mauern um mich herum, daß ich dem anderen kein Verstehen zeigen mag. Ich bin so hart geworden, um nicht selber zu zerschmelzen und schließlich auch sehr fremd und sehr allein. Es mag auch sein, daß ich menschliches Leid nicht mag, da es nicht Leid der Kunst ist, sondern nur Leid des Herzens. Sehe ich menschlichen Gram, denke ich: nebbich, sehe ich Kunst, Erstarrtes aus Distanz und Melancholie, Trauer und Verworfenheit, denke ich: wunderschön. Vielleicht ist ja Artistentum eine angeborene und primäre Einstellung, die hinter allem Vergänglichen das Gleichnis und hinter allem Chaotischen die Form sucht, vielleicht auch schreibe ich hier sehr oberflächlich und meine etwas ganz anderes, was zu formulieren mir im Augenblick nicht möglich ist.»

Krieg und Chaos.
1914–1929

Der Sanitätsoffizier Dr. Benn wird nicht an die Front kommandiert, sondern darf in der Etappe bleiben, in Brüssel. Dort kümmert er sich um Sterbende und Verwundete von den flandrischen Schlachtfeldern und um die dazugehörigen Prostituierten. Der gleichfalls nach Flandern kommandierte Otto Dix hat sie später mit solcher Intensität gezeichnet, daß seine Bilder und Benns Texte wie der doppelte Ausdruck des gleichen Entsetzens sind.

Benn faßt, was er erlebt, nicht nur in Gedichte, sondern auch in Prosa. Dafür nimmt er eine neue Identität an. Er ist jetzt, wenn er schreibt, nicht mehr das lyrische Ich, sondern der Arzt Werff Rönne, der dieselben Erfahrungen macht wie er selbst und von dem er doch in der dritten Person schreiben kann, mit Abstand also und mit der Möglichkeit, von sich selbst auch abzusehen.

Diese Rönne-Identität ist eine selbstgewählte wie Elses Prinz Jussuf, und doch hat sie für Benn den Wert eines zusätzlichen Panzers um sich herum, statt einer spielerischen Öffnung. Benn versteckt sich hinter Rönne, während Else durch das Medium des Prinzen Jussuf oder des Malik mehr über sich selbst preisgeben kann.

Diese Texte erscheinen 1915 und 1916 in der pazifistischen Zeitschrift «Weiße Blätter», die René Schickele herausgibt, und Benn wird deswegen von der pazifistischen Linken für einen der Ihren gehalten.

Vom Krieg in Flandern und in Ostfrankreich gibt es bereits erste filmische Zeugnisse, beispielsweise von schier unendlichen Lazarettsälen, in denen junge Sanitätsoffiziere Visite machen, unter ihnen möglicherweise der junge Benn.

Den Prinzen Jussuf, den Malik trifft es schrecklich, daß in diesem Krieg einige seiner besten Freunde fallen, August Stramm, Georg Trakl, dem sie viele Gedichte gewidmet hat – die er, anders als Benn, allerdings nie beantwortete – und, ein beinahe tödlicher Schlag, ihr Halbbruder, der getreue blaue Reiter des Prinzen Jussuf, Franz Marc. Sie hat diese Tode vorausgesehen, sie betrauert sie, als wären diese Gefallenen Teile ihres eigenen vervielfältigten Wesens, die sie verloren hat. Es gibt aus dieser Zeit eine Zeichnung des erhängten Jussuf, der als «Malik» zum verzweifelten Kaiser der zerfallenden Reiche der Kunst geworden ist, und die ergreifenden Nachrufe auf den unersetzlichen Freund:

«Der blaue Reiter ist gefallen, ein Großbiblischer, an dem der Duft Edens hing. Über die Landschaft warf er einen blauen Schatten. Er war der, welcher die Tiere noch reden hörte, und er verklärte ihre unverstandenen Seelen ... er ist gefallen. Seinen Riesenkörper tragen große Engel zu Gott, der hält seine leuchtende Seele, wie eine blaue Fahne, in seiner Hand ... Ich denke an eine Geschichte im Talmud ..., wie Gott mit den Menschen vor dem zerstörten Himmel stand und weinte ... So viele Vögel fliegen durch die Nacht, sie können noch Wind und Atem spielen, aber wir wissen nichts mehr hier unten davon, sie können uns nur noch zerhacken ... In dieser Nüchternheit erhebt sich drohend eine große Blutmühle, und wir Völker werden bald alle zermahlen sein.»

Franz Marc wurde in unmittelbarer Nähe der Schlachtfelder von Verdun begraben, unweit der Stelle, wo die große Blutmühle noch lange mahlen sollte. Else hat ihn nicht mehr wiedergesehen. In diesem Text nimmt sie ihn, wie es zum Beispiel auch mit Oskar Schindler seitens des israelischen Staates geschah, in die Reihe der Gerechten auf, unter diejenigen, die es sich durch ihre Handlungsweise verdient haben, zu dem Volk Gottes und zu Jakob-Israels Kindern zu gehören. Nie ist sie gegenüber Benn so weit gegangen. Er blieb für sie der Barbar, der Arier, der Nibelunge, der Doktor, der «alles liebt, was tot ist».

Dieser Erste Weltkrieg zerstörte noch nicht die Bauten Berlins und der anderen deutschen Städte, aber er vernichtete das Vertrauen in die staatliche Ordnung, die zuvor allzu gläubig angenommen worden war. Er zerstörte Familien, indem er sie der männlichen erwachsenen Mitglieder beraubte, und zwang die Frauen zur Berufsarbeit, was zuvor undenkbar schien. Es vollzog sich ein radikaler Bruch zwischen den Menschen und dem, was sie vor dem Krieg gewesen waren. Woran sollte man noch glauben? Sicher nicht mehr an den Kaiser und seine Militärs, die diesen sinnlosen Krieg befördert und betrieben hatten, in dem Hunderttausende zu unschuldigen Opfern wurden.

Ja, der Malik wäre ein besserer Kaiser gewesen.

Er wollte die Menschen in leuchtende Traumreiche ihrer Wünsche führen, in denen sie wieder wie Kinder spielen sollten. Des Kaisers Militär hatte aus jedem einzelnen einen Helden machen wollen, bereit, fürs Vaterland zu bluten – sinnlos war dieses Blut geflossen, wie sich jetzt erwies.

Und Benns Zynismus war ebenfalls mehr up to date denn je. Hatten seine Verse früher nur Schockwirkungen in der Vorstellungskraft seiner Leser ausgelöst, so waren sie jetzt Beschreibung von überall sichtbar gewordener Realität – der Tod drängte sich an jeder Straßenecke ins Bild, und er schien nichts Wunderbares und Heiliges mehr zu besitzen, dreckig war er, stinkend, böse und grausam, wie es der Herr Doktor in der «Morgue» schon wesentlich früher begriffen hatte. Schon in den letzten Jahren des Krieges und noch mehr nach Kriegsende waren die Straßen voll von Kriegsversehrten, die statt des Danks des Vaterlands in der Heimat ein Bettlerleben erwartete, aber auch voll von hungernden Kindern und Greisen, geschlechtskranken Prostituierten, Obdachlosen.

Prinz Jussuf ist während des Krieges unter den Ärmsten, und Paul, den Else aus Geldmangel hat von der Schule nehmen müssen, teilt ihr aufregendes, aber karges Leben und zieht sich dabei eine unheilbare Tuberkulose zu, an der er zehn Jahre später sterben wird.

Nach dem Krieg fängt ihr Erfolg erst wirklich an. Sie hat ein Stück geschrieben, an dem sie nach eigener Aussage seit vielen Jahren gearbeitet hat: «Die Wupper». Es erscheint 1908 als Buch. Jetzt, 1919, wird es von Max Reinhardt für die Gesellschaft «Das junge Deutschland» am Deutschen Theater angenommen und unter der Regie von Heinz Harald aufgeführt, mit einer Musik von Friedrich Hollaender (der auch die Musik zum «Blauen Engel» geschrieben hat). Else ist von dem eher mäßigen Erfolg enttäuscht – den erwarteten Durchbruch hat es ihr nicht verschafft, obwohl es heute von den Dramen der damaligen Jahre fast das einzige ist, das seine Gültigkeit und vor allem seinen Zauber bewahrt hat.

Aber anders als jene Durchhalte- und Rührseligkeitsschreiber, wie sie beim Kaiserhofe bevorzugt wurden, sind der Prinz Jussuf und einige seines Hofstaats nun wirklich als unbestritten große Dichter anerkannt, und die Bilder von Elses Malerfreunden wandern in die Galerien und Museen. Kokoschka, Chagall, Kandinsky, Franz Marc gelten nicht mehr als durchgedrehte Spinner, sondern als Wegbereiter der Moderne.

Jetzt, gleich nach dem Krieg, hat sie für kurze Zeit geringere Finanzsorgen. Graf Kessler hat in der Schweiz ein deutsches Kulturzentrum organisiert, und er lädt ELS dorthin ein. Sie lebt in Zürich in einem guten Hotel, sie verfügt sogar über ein bißchen Geld. Sie weiß, wem sie damit imponieren kann, wer sich eigentlich auch sehnen müßte nach friedlicheren Verhältnissen, besserem Essen, intakten Lebensverhältnissen, möglicherweise gar danach, die Verwandten mütterlicherseits am Lac de Neuchâtel zu besuchen, um unter einem blaueren Himmel entspannter schreiben zu können.

Und sofort lädt Jussuf Giselheer zu sich ein. «Mein liebsüßer Giselheer», schreibt sie ihm, «ich glaube, wir sehen uns niemals wieder. Aber ich denke immer an dich, und Paradies wächst wieder in mir und ein Busch daran Flügel blühen. Wir wollen ganz weit fortfliegen, komm nach der Schweiz, da sind doch auch Lazarette. Ich reise dann manchmal eine Stunde von Zürich aus über den Zürcher See mit den Möwen...»

Verlockend. Der Herr Doktor nämlich hat, anders als viele der früheren Caféhausfreunde, den Krieg überlebt und muß sich nun mit einer eher schlecht gehenden Praxis in der Belle-Alliance-Straße 12, heute Mehringdamm/Ecke Yorckstraße in Berlin durchschlagen. Als Arzt für Haut- und Geschlechtskrankheiten hat er jede Menge syphilitischer und Tripper-Erkrankungen zu heilen, aber wenig Patienten, die ihm die Behandlung bezahlen können – die meisten können kaum überleben von dem, was ihnen noch geblieben ist. Benn scheint die Möglichkeit, zu ihr in die Schweiz zu kommen, durchaus erwogen zu haben. Damals muß in ihm von ihr das Bild der «Flüchtigen, Freien» entstanden sein, «die Flügel zu Fahrt und Flug», das er sehr viel später formulieren wird.

Unbedingt muß er sich danach gesehnt haben, alles hinter sich zu lassen – die schäbige Praxis mit den schäbigen Patienten, das wirre und düstere Berlin, seine Frau, die entfernt von ihm dahinsiecht, unheilbar krank vor allem an ihm, der sich wenig um sie kümmert. Aber Benn kultiviert in sich die Fähigkeit zum Dableiben und Durchhalten. Er erlaubt sich nicht mehr, selbst die Flügel auszubreiten. Die Brüche, die er sich zugesteht, sind die mit Frauen. Im übrigen harrt er aus und beharrt, auch auf eigene Kosten.

Sein heller kalter Schatten geistert durch Elses Arbeiten,

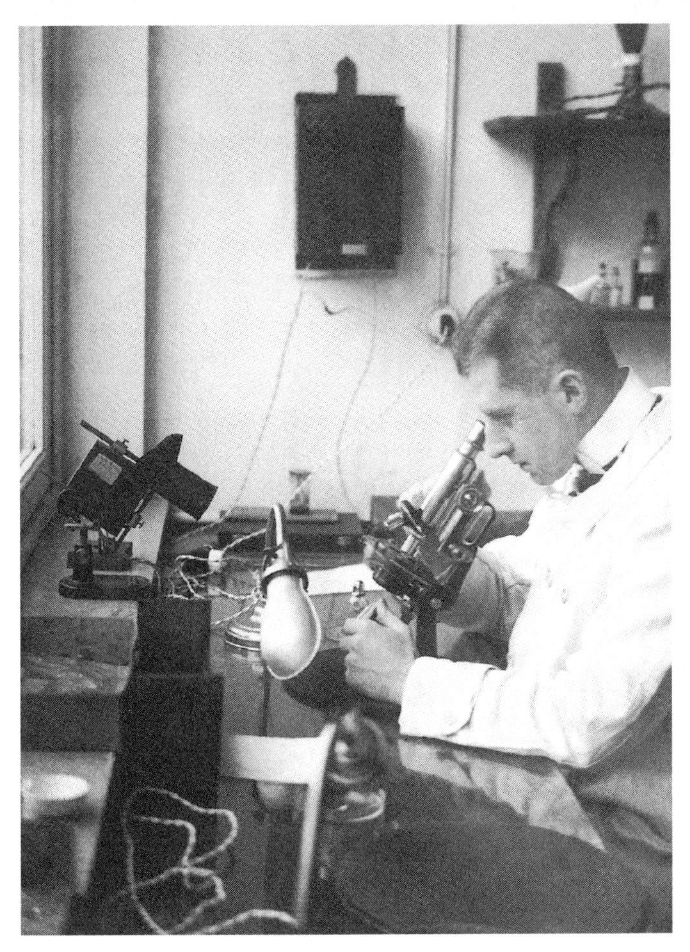

«Er steigt hinab ins Gewölbe seines Krankenhauses und schneidet die Toten auf, ein Nimmersatt, sich zu bereichern am Geheimnis.»
Doktor Benn am Mikroskop. Foto von 1916, aber durchaus gültig auch für die Zeit um 1912, dem Jahr der großen Liebe und der großen Gedichte.

kaum wahrnehmbar prägt er sich darin ein, immer von anderen Seiten gesehen, aber immer in Zügen vorhanden – er bleibt der Gegenpart im Guten wie im Schlimmen, und je mehr Else sich der Dramatik zuwendet, desto vielfältiger sind die Spiegelungen von Bennschen Charakterzügen in ihren Figuren.

Denn sie arbeitet ja bereits an einem neuen Stück. War «Die Wupper» ihr Versuch, die Schatten der Kinderzeit in der ersten Industrieansiedlung des Kaiserreichs auf die Bühne zu bringen, die grölenden Arbeiter, die rappelköpfigen und doch klugen Alten in den Katen der Armen, die üppige und doch kranke Fabrikantenfamilie Sonntag, die viele Züge mit ihrer eigenen Familie gemeinsam hat – so geht sie mit «Arthur Aronymus» noch einen Schritt weiter und tiefer –, in die gespaltene Identität deutscher Juden hinein. Und wieder benutzt sie Züge von ihr vertrauten Menschen, ihrem Vater, ihrer Mutter, ihren Geschwistern. Ein Pogrom droht. Die Drohung hängt über einem kleinen Dorf in Westfalen zur Zeit der deutschen Romantik, als Deutschland am deutschesten war und alles ist wie einem Grimmschen Märchen entsprungen, das aber gut auszugeht, wie ein böser Traum, der schließlich kurz vorm Erwachen ein gutes Ende nimmt.

Hat der Kaplan, der die wütende Dorfbevölkerung besänftigt und die zitternde Judenfamilie vor der Lynchjustiz bewahrt, Züge vom Doktor Benn? Vielleicht hat Else in der ihr gegebenen Vorahnung kommender Geschehnisse mit dieser Figur einen Appell an ihn versucht – so wie sie mit dem Stück an die katholische Kirche appellieren will, die Sache der Juden wahrhaft christlich und nächstenliebend zu ihrer eigenen zu machen.

Wie dem auch sei, Else entwickelt sich aus Jussuf und Malik zur Spielerin mit den Figuren des Theaters, so wie sie zuvor mit den Besuchern der Cafés gespielt hat. Sie, die zuvor vollendete Lyrik geschrieben hatte, übt sich nun im Dialogschreiben, in der Fähigkeit, einer Bühnenfigur durch das, was sie sagt, Tiefe und Glaubwürdigkeit, gute und schlechte Seiten zu geben – und zugleich den mystischen Gehalt in den gesetzten Worten und Handlungen durchscheinen zu lassen.

Der Doktor Benn hatte seine Praxis für Haut und Geschlechtskrankheiten schon vor Kriegsende, 1917, eingerichtet, und seiner Familie dazu eine standesgemäße Wohnung, wie sie dem an lebhaftes gesellschaftliches Leben gewöhnten Stil Edith Osterlohs entsprach, wie es ihm selbst aber schnell zuwider war. Tage- und nächtelang hatte er seine junge Frau und seine Tochter Nele allein gelassen, ist schließlich wochenlang ausgeblieben. Edith hat darunter so sehr gelitten, daß sie bei ihrer Erkrankung ins heimatliche Dresden floh. Aber auch ihre Schwäche zog ihn nicht zu ihr. Ihr Gallenleiden verschlimmerte sich, wurde tödlich, ohne daß ihr Mann sich darum kümmerte.

Wo treibt er sich nachts herum? Trifft er Else? Weiß er sie zu finden? In seiner Rede auf sie wird er zugeben: – ihr Lebtun hat ihn immer berührt «wie ferner Saum». Es bewahrheitet sich aber auch, was sie für die Frau prophezeit, die ihr «von ihren Schauern stiehlt» – sie «stürzt ab». Edith Osterloh stirbt nach wenigen Jahren einer seltsam einsamen Zweisamkeit in ihrer Ehe mit Benn.

Andererseits kommt Benn nicht ohne Frauen aus, braucht eine oder sogar mehrere als verständnisvolle, dauernde Gefährtinnen, möglichst ohne große Ansprüche an ihn. Er übt eine rätselhafte Anziehungskraft auf Frauen aus, sein schläfriger und dabei plötzlich schnell zupackender Charme gibt ihm etwas von einem sanften und zugleich gefährlichen Raubtier. Der Hintergrund von Melancholie und Daseinsüberdruß, den er dabei um sich kultiviert, scheint in allen Frauen, die ihm begegnen, die Hoffnung auszulösen, seine Retterin werden zu können. Sie täuschen sich auf gefährliche Weise. Immer wieder verstricken sie sich selbst dabei und «stürzen ab», entsprechend der Prophezeiung des Prinzen Jussuf.

«Meine Freundin, von der ich Ihnen so oft erzählte und die ich im Grunde unverändert liebte, tief liebte, wie in den Jahren des Altwerdens und der schwindenden Gefühlsfähigkeit der Mann liebt, ist am 1. II. freiwillig aus dem Leben geschieden» – so schreibt er wiederum an eine andere Freundin. Und er fährt fort: «auf grauenvolle Weise. Sie stürzte sich von meiner Wohnung im 5. Stock auf die Straße und kam dort tot an.» Ist es Eitelkeit oder Ehrlichkeit oder beides, wenn er dann sagt: «Natürlich starb sie an mir oder durch mich, wie man sagt. Sie war mir nicht gewachsen als Ganzes oder vielmehr, sie wollte mir an Dingen und Stellen gewachsen sein, wo sie es nicht konnte oder als Frau nicht zu sein brauchte»?

Der hier geschilderte Selbstmord geschah 1929, aber die Aussage, die Benn hier über sein Verhältnis zu den Frauen macht, hat sicher auch für die anderen mehr oder weniger brüchigen Verhältnisse Gültigkeit, die er zwischenzeitlich einging. Und es scheint für das aufmerksame Ohr ein unausgesprochener Vorwurf an alle Frauen außer Else darin zu liegen, daß sie ihm nicht gleichwertig sein können, den diese Frauen spürten und dessen Ursprung sie nicht kannten, höchstens ahnten.

Eine Gleichwertige gab es eben, eine auch, mit der die Erotik nicht nur sanft und verzeihend war. Benn konnte sie jederzeit nachts in den Straßen Berlins finden oder im Romanischen Café Kurfürstendamm – Ecke Tauentziehn, wo sie jetzt hofhielt, seit das Café des Westens seine Bedeutung für die Kunst- und Literaturszene verloren hatte. Sie war nicht mehr die Jüngste, aber man sah es ihr nicht an. Die Jahre schienen sich wenig oder kaum auf ihrem Gesicht abzuzeichnen, während sich gleichzeitig ihre Verehrer ständig verjüngten – ihre «Pagen» nannte man sie jetzt.

Sie bleibt arm, aber sie wird zunehmend berühmter. Ihre Vorleseabende machen auf die Zuhörer bleibenden Eindruck.

Sie tritt meist in dunkler Kleidung auf, die ihre schwarz glühenden Augen noch unterstreicht, eine Kerze brennt auf dem Lesepult, sie begleitet sich mit Tamburin oder Trommel, mit der Flöte, manchmal auch mit einer schrillen Spielzeugtrompete. Während sie mit starker Stimme, die für ihren schmalen Körper viel zu groß zu sein scheint, ihre Verse spricht, schlägt sie mit den Füßen den Takt dazu. An manchen Stellen, so heißt es, soll sie den Vortrag bis zu Schreien gesteigert haben. Leider gibt es keine Aufzeichnung von diesen Abenden, während die Stimme Benns uns in Rundfunkaufnahmen gut erhalten ist, zum Beispiel in der Grabrede für Klabund. Benn hielt nichts von Gedichtvorträgen – in seinen Arbeiten über die Lyrik ist es nachzulesen –, aber er hat dennoch eine eindrucksvolle Vortragstechnik. Er spricht ruhig, gleichsam unbeteiligt, bei ungemein genauer, geradezu genußvoller Artikulation. Die Wirkung des Gesprochenen geht von seiner erstaunlich weichen und sanften Stimme aus, während die Härte im Gesagten und in der Formulierung liegt.

Auf dem Großstadt-Triptychon von Otto Dix, das die Berliner Nächte mit ihrer ganzen düsteren Faszination zeigt, steht neben den schwarzen Jazztrompetern ein hellhaariger, helläugiger Mann im grauen Anzug, der aus dem Bild heraussieht, ohne den Betrachter wirklich anzusehen. Einen ausweichenden Blick hat er, er scheint in die vibrierende Spannung der Tanzenden, der Prostituierten und Transvestiten hineinzugehören und doch nicht darin aufzugehen, wie ein Arzt, der sich hierher verirrt hat, weil er einen Totenschein ausstellen sollte, aber den Toten hat er noch nicht entdecken können, und jetzt weiß er nicht, ob er gehen soll oder bleiben.

Benn schreibt nicht viel in diesen Jahren.

Zwischen den Zeilen der jetzt entstehenden Gedichte finden sich Hinweise auf das Vergangene, die wie Trauer klingen. Die Liebesgeschichten der damaligen Gegenwart bleiben dagegen flach, eigentlich nur Vorwand, um die lyrische Süße ausströmen zu können, die ins Nichts läuft – schwarze Perlen, hätte Prinz Jussuf gesagt. Zum Beispiel «Die Dänin»:

Stehst du, ist die Magnolie
Stumm und weniger rein,
Aber die große Folie
Ist dein Zerlassensein:
Stäubende: – tiefe Szene,
Wo sich die Seele tränkt,
Während der Schizophrene
Trostlos die Stirne senkt.

Die Trauer um das Verlorene ist unüberhörbar und eigentlich für die Besungene schwer erträglich. Noch bitterer die Schlußzeilen:

Tief mit Rosengefälle
Wird nur Verwehtes beschenkt,
Während die ewige Stelle
Trostlos die Stirne senkt.

Die vier Gesänge, die mit der Zeile «Ihnen, nubisches Land» überschrieben sind und die der Doktor Benn nacheinander gleich zwei seiner Verehrerinnen widmet, sind ziemlich eindeutig an den Prinzen Jussuf und seine Bilderwelt adressiert:

Ihnen, nubisches Land:
Ströme quellenverloren
tragend, wo an den Toren
Venus von Asien stand –

um die es steigt und endet
Ptolemäer und Pharaon,

zu der das Flaggschiff wendet
immer wieder Marc Anton –

von den Müttern, den Isen
quellenverloren: Substanz
aller Schöpfungskrisen
aller Taumel des Mann's –

Ihnen: der läppisch verfärbte
Okzident, stottert, fällt,
wenn eine nubisch Vererbte
naht und sammelt die Welt.

Kurze Erläuterung: Nefertiti oder auch Nofretete ebenso wie ihr Bruder-Gott-König Echn-Aton stammten aus nubischem Geschlecht, ihre Mutter Titi oder Tete war noch ganz dunkelhäutig, wie der kleine Kopf in Paris erkennen läßt. Pharao ist aber eben Josephs, das heißt, Jussufs Pharao und war einer von Elses Namen für Benn.

Unschwer ist auch zu erkennen, daß ihr, die ihm seinerzeit ihre «silberne Levkoje» zum Geschenk gemacht hatte, nun eine ganze Levkojenwelle zu Füßen gelegt werden sollte –:

«O du, sieh an, Levkoienwelle,
der schon das Auge übergeht» –
von früher her – es ist die Stelle,
wo eine alte Wunde steht;
denn wieder ist es in den Tagen,
wo alles auf das Ende zielt,
«mänadisch analys» und Fragen,
das sich um Rosenletztes spielt.

Die zweite Strophe bringt am Schluß eine späte Erkenntnis, die zehn Jahre früher zu einem außerordentlichen Weg hätte führen können:

> man träumt, man geht in Selbstgestaltung
> aus Selbstentfaltung der Vernunft;
> man träumte tief: die falsche Schaltung:
> das Selbst ist Trick, der Geist ist Zunft –
> verlerne dich und jede Stelle,
> wo du noch eine Heimat siehst
> ergieb dich der Levkoienwelle
> die sich um Rosenletztes gießt,

Die dritte schließlich hat bereits mit einer Verarbeitung zu tun, die sehr spät, in den Gedichten nach dem Zweiten Weltkrieg und insbesondere in «Orpheus Tod» wieder auftauchen wird: in diesem Leben ist es zu spät, nur ein Abglanz ist es ohnedies, was sich davon halten läßt, sind Bilder der vergangenen und vergehenden Welt, eines Totenreiches.

> die Bildungen der Zweige reifen,
> es ist ein großes Fruchtbemühn,
> die Seen dämmern hin wie Streifen,
> die Gärten welch ein quellend Glühn,
> das ist lernäisches Gelände
> und eine Schar Gestalten winkt,
> die mähet Blut und säet Ende.
> bis sie ans Herz der Schatten sinkt.

In anderen Gedichten wird der Schwan, ein anderes Bild für Else, beschworen, Meere läßt sein Herz nun offenbar wieder ein – aber wohl auch nur unter der Voraussetzung, daß es zu spät ist.

Es war eben so viel leichter, von der Vergangenheit zu träumen und sich in sie zurückzusehnen, als eine Realisierung in der damaligen Gegenwart zu suchen. Wir Nachgeborenen denken: schade, und haben sicher unrecht.

> Banane, yes, Banane,
> vie méditerranée,
> Bartwichse, Lappentrane,
> vie Pol, Sargossasee:
> Dreck, Hündinnen, Schakale,
> Geschlechtstrieb im Gesicht
> und Aasblau das Finale –
> der Bagno läßt uns nicht.

Ja, da steht er, der Doktor Benn, ganz wie dem bösen Dix-Bild des Nacht-Berlin entstiegen, viel zu nihilistisch für den gläubigen Prinzen Jussuf, der sich immer tiefer mit den Überlieferungen und der Historie seines gejagten und gemordeten Volkes einläßt.

Ihre Wege gehen auseinander, in zwei ganz verschiedene Richtungen. Benns Texte – Gedichte, Essays, szenische Versuche, autobiographische Prosaschriften – haben monologischen Charakter, sind immer wieder Fragen an sich selbst, der in dem Spätlicht des untergehenden Abendlandes auf den Gräbern des Gestrigen und der Urzeiten Steppschritte macht, ekstatisch, aber ohne jede transzendentale Komponente. Banane, yes, Banane.

ELS bleibt bei allem Erfolg ein Bürgerschreck, eine Außenseiterin. Sie überwirft sich mit ihren Verlegern, denen sie ihr Pamphlet «Ich räume auf» entgegenschleudert, ihre bis heute gültige Anklage der Verwerter, denen sie ihre Werke für einen Hungerlohn überlassen muß, Werke, von denen die Verwerter reich werden, während die, die sie geschaffen hat, betteln muß, sei es um die Abnahme einer neuen Arbeit, sei es tatsächlich an der Straßenecke. Bertolt Brecht hat einem Verleger das geringe Honorar vorgeworfen, das dieser der

Dichterin gezahlt hatte – ihr Angriff war also durchaus berechtigt. Er änderte aber nichts zum Positiven, im Gegenteil, für eine geraume Zeit war Frau Lasker-Schüler, die sich den Mächtigen des Literaturbetriebs entgegengestellt hatte, noch mehr als zuvor persona non grata darin.

Es gab Sammlungen für sie unter den Schriftsteller- und Dichterkollegen, die zum Teil ansehnliche Summen ergaben und bei denen sich besonders die Familie Thomas Manns immer wieder rühmlich hervortat.

Benn hat sie, wann immer sie in seiner Praxis auftauchte, und das soll gar nicht so selten gewesen sein, mit Geldmitteln versorgt, und dies auf die allervornehmste und taktvollste Weise.

Jedenfalls ist die Art, wie der Literaturbetrieb im allgemeinen mit ihr umging, symptomatisch für die männlich orientierte Kunstwelt – eine Frau bekam Almosen, und war sie auch eine der bedeutendsten Erscheinungen in der Dichtung ihrer Zeit.

Benn hingegen ist jetzt schon ein international anerkannter Lyriker, gilt den Eingeweihten als der interessanteste, auch der skandalträchtigste unter den Poeten der jüngeren Generation. Alles traut man ihm zu: Morphinismus, Homosexualität, und immer noch wird er mit seinen jüdischen Freunden und Verehrern in einem Atemzug genannt; viele halten ihn selbst für einen Juden.

Seit dem Krieg ist der Abstand zu seinen Offiziersfreunden wieder größer geworden. Ihrer nationalistischen Gesinnung kann er sich nicht anschließen, besonders da nicht, wo sie betont preußisch-traditionalistisch ausgerichtet ist. Aber ein Linker ist er schon ganz und gar nicht, auch wenn er von den jungen Autoren dieser Nachkriegsjahre als einer der Ihren und als Vorläufer bewundert wird.

Als Arzt hingegen ist er nicht sehr erfolgreich. Seine Praxis ist nach wie vor von Prostituierten besucht, er nennt seine

Mitte der zwanziger Jahre, Foto von Hanna Rien.
Doktor Benn über eine andere Frau, die sich seinetwegen vom Balkon stürzte: «Sie war mir nicht gewachsen als Ganzes, oder vielmehr, sie wollte mir an Dingen und Stellen gewachsen sein, wo sie es nicht konnte oder als Frau nicht zu sein brauchte.»

Patienten «Schmutzfinken»; die kargen Honorare, die er von ihnen erhält, reichen kaum zum Leben. Und auch die Lyrik bringt außer Ruhm wenig Greifbares ein. Gleichzeitig ist dieser oberflächlich gesehen so kalte, unbarmherzige Mensch auch zu Güte und Freigebigkeit fähig. Oft bezahlt er für Patienten, die kein Geld haben, die Medikamente und sogar Nahrungsmittel und Kohlen, und selbstverständlich nimmt er in solchen Fällen gar kein Honorar.

Und als am 14. Dezember 1927 Paul stirbt, ist er bei Else.

«Im heutigen Berlin bin ich wahrscheinlich einer der wenigen, die Else Lasker-Schüler persönlich kannten, sicher der einzige, dem sie eine Zeitlang sehr nahestand, vermutlich auch der einzige, der am Grab ihres Sohnes Paul neben ihr stand, als der auf dem Weißenseer Friedhof beigesetzt wurde, dieser Sohn, der ihr so viel Leiden brachte, für den sie ihre wenigen Einkünfte ausgab, für den sie Liebesbriefe austrug und bei seinen Freundinnen um Rendezvous und Zärtlichkeiten warb, Paul, oft von ihr besungen, ein zarter, schöner Junge, sein Vater war angeblich ein spanischer Prinz –, ‹Päulchen›, wie sie ihn nannte, der mit einundzwanzig an Tuberkulose starb.»

So Gottfried Benn 1952 in seinem Nachruf auf Else Lasker-Schüler über ihren leiblichen Sohn – in dem er andeutet, daß er sich neben ihrem Liebhaber auch für ihren geistigen Sohn gehalten hat.

Offensichtlich hat er ihr in dieser schweren Zeit, als Paul starb, beigestanden, und sie mag sich davon, daß der Zyniker und große Einsame sich hier als Freund und Partner bewährte, Hoffnungen auf weitere Gemeinsamkeit gemacht haben. Aber Benn war mit seinen Verhältnissen zu Frauen reichlich ausgelastet. Er hatte Freundinnen, mehrere sogar, die er gewiß nicht nur platonisch verehrte, denen er sicher nicht nur Briefe schrieb, von denen er sich allerdings hauptsächlich verehren ließ. Eigenartig berührt eine von

Tilly Wedekind beschriebene Szene, wie sie im Abendkleid in Benns Praxis sitzt – in Erwartung seiner Zuwendung – und sich wie auf einer Schlachtbank fühlt. Benn wußte diese verschiedenen Beziehungen vor der jeweils anderen geheimzuhalten, er umgab sich mit der Aura dessen, der sich nach Liebe sehnt und doch unfähig zu ihr ist, und berückte damit die Frauen, von denen jede sich sagen mußte: ich werde die sein, die das Eis in seinem Herzen schmilzt. Wenn diese Frauen klug waren, verbanden sie sich nicht mit ihm, denn mit Ausnahme seiner letzten Frau, die ihn überlebte, haben die, die ihm sehr nahe kamen, den Versuch seiner «Rettung» für die Liebe teuer bezahlt – sogar mit dem Leben.

Nele, sein einziges Kind, wuchs weit weg von ihm in Dänemark auf – als er Edith Benn geborene Osterloh beerdigt hatte, brachte er seine und ihre Tochter zu seiner dänischen Geliebten und ließ sie dort aufwachsen, sah sie nur selten, dann allerdings hinterließ er jedesmal einen tiefen Eindruck in dem bezauberten Mädchen. Es wäre ihm nicht eingefallen, Gedichte für sie zu schreiben, so wie Else es für «Päulchen» und «Pullemulle» und «Plummpascha» tat.

> Immer wieder wirst du mir
> Im scheidenden Jahre sterben, mein Kind,
>
> Wenn das Laub zerfließt
> Und die Zweige schmal werden.
>
> Mit den roten Rosen
> Hast du den Tod bitter gekostet,
>
> Nicht ein einziges welkendes Pochen
> Blieb dir erspart.

So schreibt Else nach Pauls Tod, der gewiß das Schwerste war, was sie erlebt hat, denn solange Paul lebte, war sie trotz seiner langen Abwesenheiten in den Sanatorien nicht wirklich allein, sondern hatte einen Menschen, dem sie ihre grenzenlose Hingabe schenken konnte – bis hin zu der Tatsache, daß sie ihm, wie es Benn nicht entgangen ist, Liebesbriefe austrug und Rendezvous mit jungen Damen für ihn vereinbarte.

Gab es noch ein Verhältnis zwischen Benn und Else? Freundschaft, sicherlich. Zwar gibt es zwischen Benn und Else keinen längerdauernden Briefwechsel wie den zwischen Benn und Gertrud Zenzes oder den zwischen Benn und Tilly Wedekind oder zwischen Benn und Thea von Sternheim. Aber das muß nicht heißen, daß keine Berührungen, auch erotischer Natur, mehr stattgefunden haben. Benn rühmt sich seiner meisterhaften «Regie» in Liebesdingen, die vor allem auf Diskretion basierte.

Jener ungenannte «Arzt», der nach diesem grauenvollen Einschnitt in Elses Leben mit ihr nach Venedig fuhr, könnte der Doktor Benn gewesen sein. Von der Fahrt in diese Stadt, die Else so oft mit ihrer Mutter verbunden hat, kommt in ihrem Werk kein Reflex vor, – eigentlich erstaunlich, da doch die orientalisch inspirierte Todeserotik der Lagunenstadt ihr so nahe gelegen haben muß. Es gibt allerdings ein Foto, das Else auf dem Markusplatz zwischen Tauben und Monumenten zeigt, in der Mitte einiger gefilterter Strahlen, die sie wie einen Stern mit dem Gesicht eines Menschen erscheinen lassen. Hat Benn das aufgenommen? War er dabei, als es gemacht wurde?

Das Todesjahr von Paul ist für Else zugleich das Jahr ihrer größten Erfolge als Dichterin zu Lebzeiten – Max Reinhardts Theater spielt 1927 ihre «Wupper» in der Regie von Jürgen Fehling, zwar nicht mit überwältigendem, aber doch nachhaltigem Erfolg, in einer wunderbaren Besetzung – Lucie Höflich, Elsa Wagner, Lucie Mannheim, Alberth Florath, Lothar Müthel –, mit Bühnenbildern, die heute noch bei-

1927: Venedigreise nach dem Tod des Sohnes Paul mit einem geheimnisvollen «Doktor». Wenn es Benn war, wäre er bei diesem Foto dabeigewesen.

spielhaft in ihrem spielerischen Expressionismus erscheinen. Die Kritik, allen voran Alfred Kerr, feiert die Dichterin. Von ihrem neuen Stück «Arthur Aronymus» steht bereits fest, daß es ebenfalls auf einer der Reinhardt-Bühnen herauskommen wird.

1929 wird sie sechzig und sieht immer noch aufregend aus, obwohl sie langsam rundlicher wird – Wieland Herzfelde und sein Bruder John Heartfield, der bissige Karikaturist, bezeugen es. Man kann sich immer noch in sie verlieben, und sie kann sich immer noch verlieben. Sie ist nicht auf Würde bedacht, sie macht nicht auf Dame, wie die Frauen, die den Doktor Benn beschäftigen, aber sie fasziniert die Jünglinge, die sich um sie scharen, in einer Weise, daß heute noch in deren Memoiren das Bild einer Frau erscheint, die in ihrer besonderen, sehr weiblichen Vitalität unvergeßlich gewesen sein muß, derart, daß alle anderen neben ihr verblaßten.

Selbst Bertolt Brecht, der seine ersten Skandale feierte, hat sie, so sein Bühnenbildner Teo Otto, «sehr verehrt». Brecht – den Prinzen Jussuf? Er hat sie nicht näher gekannt, ihre Welten zwischen Traum und Realität waren ihm sicher fremd, aber die Wahrhaftigkeit ihrer Bilder, die biblische Größe und Einfachheit des sprachlichen Ausdrucks sind für ihn durchaus erkennbar gewesen, ja, im Grunde von seinen eigenen Arbeiten gar nicht so verschieden.

Else Lasker-Schüler ist auch – das ist bis jetzt noch gar nicht wirklich erkannt – neben Brecht eine der wenigen wirklich überzeugenden Stückeschreiber in dieser Zeit. Sie kann glaubwürdige Figuren entwickeln, sie kann einen tragischen Konflikt durch den Einschub eines «comic relief» noch steigern, sie kann das Magische in der Bühnenwirklichkeit beschwören, sie schreibt reiche, vielschichtige Dialoge; mit clowneskem Witz und nachtwandlerischer Sicherheit bewegt sie sich zwischen den sozialen Klassen. Ihre Stücke «Die Wupper», «Arthur Aronymus» und «IchundIch» sind die drei großen Entwürfe in diesem Jahrhundert über die Auseinandersetzung zwischen Deutschen und Juden, auch wenn «Die Wupper» vordergründig gar nicht von Juden handelt.

Auch Benn hat sich in szenischen Texten versucht, aber sein lyrisches Talent ist zu ich-bezogen, um die wichtigste Voraussetzung – das Denken mit den verschiedenen Köpfen und Geschichten der dargestellten Figuren – erfüllen zu können. Monologisch kann er sich äußern, die Fähigkeit zum Dialog geht ihm ab, und wenn er sich an einem versucht, kommt Disput heraus oder die Reihung mehrerer Monologe. Die jedoch sind dann jeweils berückend durch ihre sprachliche Schönheit, durch seine Fähigkeit, die Worte so zu setzen, daß daraus fast schon Gesang entsteht.

Der Prinz und der Barbar.
1930–1939

Paul Hindemith bittet Benn um eine Zusammenarbeit – er soll die Texte zu einem Oratorium schreiben, das Hindemith vertonen will. Der erhaltene Briefwechsel zwischen beiden läßt die Glücksmomente wie die Schwierigkeiten dieser gemeinsamen Arbeit erkennen. Benn quält sich damit, Texte für die musikalische Umsetzung zu verfassen, gleichzeitig reizt ihn die Herausforderung, und Hindemith läßt nicht locker und hilft ihm über die Ängste und Vorbehalte hinweg. Erstaunlich an dieser Zusammenarbeit ist vor allem, daß sie gelingt – für ein einziges Mal schafft es der Einzelgänger Benn, sich in eine gemeinsame Arbeit mit einem kongenialen Freund zu begeben.

Und Hindemith setzt Bennsches Belcanto wie seine harten gehämmerten Texte in eine gewaltige Musik um, deren Aufführung erstklassiger Chöre bedarf, wie es sie leider nur wenige gibt, weshalb «Das Unaufhörliche» selten aufgeführt wird. Die Partitur ist für Knaben-, Männer- und Frauenchor geschrieben sowie für einen (weiblichen) Sopran, einen Tenor, einen Bariton, einen Baß, hat also ein Übergewicht an männlichen Stimmen. Die meisten Chordirigenten scheuen vor dem extremen Schwierigkeitsgrad des Werkes zurück.

Zwei Jahre nach seiner Uraufführung 1931 mußte Hindemith Deutschland verlassen – im Ausland war es schwer aufzuführen – eine Ära war zu Ende gegangen.

Eigenartigerweise kündigt sich für den wachen Kenner Benns gerade in diesem avantgardistischen Werk die Hinwendung zur Ideologie der kommenden Machthaber, der Nationalsozialisten an. «Unaufhörlich» ist das Walten der

Geschichte, das der Mensch nicht zu verstehen und gegen das er sich nicht aufzulehnen vermag, unaufhörlich und unabänderlich auch das menschliche Schicksal, das zu Leid und Schmerz verdammt ist und sich nur durch stoisches Ertragen, durch das Heldentum des Aus- und Durchhaltens auszeichnen kann. Das ist in beschwörungshaften Formeln ausgedrückt, die die musikalische Umsetzung wunderbar trägt.

Die Texte, die er dem Sopran in den Mund legt, lassen an Else Lasker-Schüler denken, nicht nur, weil ihr ganzes Arsenal an Bildern und Motiven vertreten ist, sondern auch, weil gemeinsames persönliches Erleben angesprochen wird.

> Sopran:
> Immer die Sterne,
> immer die Morgen- und Abendröten!
> Aber der Tag, der helle Tag!
> Soll man denn keine Kinder gebären,
> weil sie vergehn,
> muß man sie denn mit
> Tränen ernähren –
> wen soll man fragen – wen?

Der Tod Pauls und die Fragen, die sie dabei gestellt hat, haben sicher ihren Einfluß auf diesen Text gehabt. Aber auch die übrigen Verse für den Sopran und den Frauenchor scheinen Nachklänge aus ihrer früheren Beziehung zu sein. Sterne, Meere und die Kunst tauchen wieder auf, Inseln, Asien, die Liebe – lauter positive Verheißungen, unannehmbar jedoch für den Mann, der sich in Tenor, Bariton und Baß spaltet und zusätzlich durch Männer- und Knabenchor unterstützt wird – ihm kündigt sich ein «Umschwung» an, und in diesem Zusammenhang geht das «Ringende» in die «Schöpfung» ein.

Eine düstere Welt wird entworfen mit düsteren Aussichten und entsprechend dunklen Bildern, eine Männerwelt, eine Heldenwelt, eine Art intellektueller Götterdämmerung, zwar griechisch eingefärbt, aber die Idee der allgemeinen Vernichtung, wie sie für die germanische Welt am Ende jedes Zeitzyklus erneut steht, ist sehr präsent, steht eigentlich hinter den Texten. Der Versuch des Weiblichen, diese kommende Zerstörung aufzuhalten und die Sehnsucht nach Liebe und Leben dagegenzusetzen, ist buchstäblich verlorene Liebesmüh angesichts der Allgegenwart des bevorstehenden schicksalhaften Niedergangs. Alles ist «voll Untergehn», und der Mann Benn scheint sich dem Sopran, der weitgehend in Elses Bildern spricht, mit dieser Einsicht entgegenzustellen.

Dieses Oratorium schickt Benn mit einer Widmung an Else Lasker-Schüler, so wie sie ihrerseits dem Doktor Benn die gewidmeten Exemplare ihrer Neuerscheinungen zugeschickt hat. Bis in die äußersten Fluchtpunkte der Emigration wird die Partitur bei ihr bleiben. In dem reduzierten Gepäck, das die Reisen durch Europa und nach Palästina ihr erlauben, schleppt sie es mit bis nach Jerusalem, wo es sich unter ihrer letzten Habe findet.

Möglicherweise brauchte sie es als Arbeitsgrundlage für die Gestaltung des Faust in ihrem Stück «IchundIch», möglicherweise gefiel es ihr, daß er die weibliche Stimme in diesem Männertext so offenbar mit ihren Gedanken erfüllt hatte – so war sie doch in seiner dunklen Welt eine Gegenfigur – und möglicherweise hat sie eben deshalb schließlich daraus die Dichterin, wie sie in «IchundIch» als Selbstporträt vorkommt, entwickelt.

«Das Unaufhörliche» wird am 21. November 1931 uraufgeführt. Schon sind die marschierenden Uniformierten der Nazis aus dem Straßenbild Berlins nicht mehr wegzudenken, schon sind blutige Schlägereien, bei denen sie ihre politischen Gegner mit Terror in Schach halten wollen, an der Tagesordnung – und an der Nacht-Ordnung noch um so mehr, wenn man überhaupt noch von Ordnung reden kann. Prinz Jussuf reizt die braunen Schlägertypen in ganz besonderer Weise. Eine Jüdin, eine Intellektuelle, eine in jeder Hinsicht unabhängige Frau, das ganze Gegenteil der nordischen Mutter gemäß Blut-und-Boden-Vorstellungen, ein Mensch mit großen Gaben zur Selbstironie und zur Komik, die den Nazis ja nun wirklich vollständig abgehen, mit einer leidenschaftlichen Liebe zum Leben, wo die Nazis den Tod kultivieren, eine erklärte Anhängerin auch der religiösen Werte ihres Volkes, eine Prophetin, die die kommende Katastrophe voraussieht – da können sie immer nur draufschlagen, wo immer sie sie finden am Tag und in der Nacht in den Straßen Berlins. Immer wieder kommt Else verletzt in das Hotel Koschel am Nollendorfplatz, wo sie in einer Mansarde die dauerhafteste Bleibe ihrer Berliner Zeit gefunden hat, und häufig sind es Kopfwunden.

Aber tapfer zieht der Prinz wieder hinaus, wenn die Lichter in der großen Stadt angehen, und macht sich auf die Suche nach den Häuptlingen, die mit ihm für die Kunst kämpfen wollen – in seinen Zeichnungen baut er ganze Türme aus ihren Gesichtern.

Die Arbeitslosigkeit war seit Jahren immer größer geworden, ebenso wie die Kluft zwischen denen, die sich alles und denen, die sich nichts leisten können. Was das angeht, stehen Benn und Else eher auf der Seite der Schwachen als der Starken. Aber je größer die Arbeitslosigkeit wird, desto schneller lassen sich die Menschen auch von den scheinbar so einfachen Begründungen und Lösungen fangen, die die Nazis ihnen bieten: nicht die Raffgier der Skrupellosen ist schuld an der schlimmen Lage, sondern die Juden mit ihrem international verzweigten Netz von Kapital und Beziehungen. Angeblich rüsten sie zu einem großen Kampf gegen Europa und vor allem gegen die Deutschen, – so predigt es Joseph Goebbels, von Hitler mit einigen wenigen Kampfgefährten in die

Else Lasker-Schüler bei der Verleihung des Kleistpreises 1932. «Der Kleistpreis, so oft entehrt, durch Sie erneut geadelt, ein Glückwunsch der deutschen Dichtung, Gottfried Benn.»

Reichshauptstadt geschickt, die er zu großen Teilen schnell hinter und unter sich gebracht hat.

«Arthur Aronymus» soll nun bald herauskommen. Jürgen Fehling probiert das Stück am Deutschen Schauspielhaus. Er erarbeitet mit den Schauspielern die mystischen Figuren des alten Rabbi und des Todesengels, die shakespearische Friedhofsszene, die Szenen der sanften, klugen Mutter und die der schönen Fanny mit ihrer Liebe zu dem idealistischen Kaplan, den sein Zölibat von der Ehe mit ihr zurückhält wie sie ihr jüdischer Glaube. In Modellen für das Bühnenbild entsteht das Dorf der Romantik, wo sich Hexenglauben und Pogromhetze vermischen zu einer Stimmung zwischen Spiel und Düsternis, wie in den schwärzesten Grimmschen Märchen. Weitaus differenzierter als viele Jahre später Rolf Hochhuth mit seinem «Stellvertreter» und eben nicht im nachhinein, wo alle klüger sind, sondern vorausschauend bemüht sich Else Lasker-Schüler darum, die katholische Kirche für eine christliche Haltung gegenüber den Juden und für eine nachdrückliche Verurteilung der heraufkommenden braunen Horden zu gewinnen. Hier zeigt sich, wie sehr sie eben auch eine politische Schriftstellerin ist – weit weg von schneller Verarbeitung kurzfristiger ideologischer Strömungen – aber doch rechtzeitig, genau im richtigen Augenblick. Daß man nicht auf sie hören konnte, weil die Nazis kurz vor der Premiere das Stück absetzten, kann ja nun wirklich nicht ihr angelastet werden. Eher ließe sich aus der Tatsache, daß das Stück nach dem Ende der nationalsozialistischen Götterdämmerung nicht gerade oft gespielt wurde, eines erkennen: wie schwer den Deutschen die Auseinandersetzung mit dem Geschehenen fällt, solange diese nicht von außen angestoßen wird, also von Resnais («Nacht und Nebel»), Spielberg («Schindlers Liste»), Goldhagen und anderen.

1932 wird ELS, vielleicht auch durch Vermittlung des Doktor Benn, in ihrer deutschen Heimat zum ersten und einzigen Male geehrt: sie erhält einen Literaturpreis – den höchsten, den Deutschland damals zu vergeben hatte, den Kleistpreis. Sie muß ihn mit einem Blut-und-Boden-Schriftsteller teilen, Richard Billing – so groß ist schon die Angst vor der Reaktion der Nazis, obwohl die noch gar nicht offiziell an der Macht sind. Benn kommt nicht zur Preisverleihung, aber er schickt ein verehrungsvolles Telegramm: «der kleistpreis so oft geschaendet sowohl durch die verleiher wie durch die praemierten wurde wieder geadelt durch die verleihung an sie ein glueckwunsch der deutschen dichtung. gottfried benn»

Noch können die Nazis nicht verhindern, daß die Jüdin in Berlin geehrt wird.

Aber sie üben mit der ihnen gewogenen Hugenberg-Presse bereits Meinungsterror aus. Im «Völkischen Beobachter», der NSDAP-Zeitung, wird denn auch gleich gehöhnt, die «Tochter eines Beduinenscheichs» sei dank des Druckes ihrer jüdischen Freunde mit deutschem Lorbeer geehrt worden. Dies im November. Die Premiere des «Arthur Aronymus» soll im Februar stattfinden. Hitlers Machtergreifung am 30. Januar 1933 bedeutet neben vielem anderen auch die sofortige Absetzung des Stückes, das sie verhindern sollte.

Der Zug der uniformierten SA-Gruppen durch das Brandenburger Tor am 30. Januar 1933 ist auch für Benn, wie für die meisten seiner Freunde und Kollegen, der Einmarsch der Barbaren in eine hochzivilisierte Gesellschaft, die jubelnd ihren eigenen Untergang begrüßt. Aber Benn packt nicht seine Koffer wie die meisten aus dem Hofstaat des Prinzen Jussuf – im Gegenteil. Benn, den Else vorausschauend den «Barbaren» genannt hat, identifiziert sich mit den Nazis und ihrer Rassen-Ideologie. Er liefert ihnen noch die geistige Munition für die kommenden Verbrechen, und dies aus voller Überzeugung. Ihre Brutalität erscheint ihm als Zeichen einer schicksalsgewollten Energie, ihre Primitivität als ursprüngliche Kraft. Die Figur des Führers umkränzt er mit dem düsteren Glanze dessen, den undurchschaubare Mächte an diese Stelle gesetzt haben, um damit die große Erneuerung herbeizuführen:

«Das Neue, Aufrührerische, aber gleichzeitig auch Synthetische der Verwandlung zeigt sich in dem spezifischen Führerbegriff. Führer ist nicht Inbegriff der Macht, ist überhaupt nicht als Terrorprinzip gedacht, sondern als höchstes geistiges Prinzip gesehen. Führer, das ist das Schöpferische, in ihm sammeln sich die Verantwortung, die Gefahr und die Entscheidung, auch das ganze Irrationale des ja erst durch ihn sichtbar werdenden geschichtlichen Willens, ferner die ungeheure Bedrohung, ohne die er nicht zu denken ist.»

– dies also ist dem Doktor Benn immerhin klar, daß der Führer für einige der Menschen, die zuvor seine Freunde waren, eine ungeheure Bedrohung bedeutet –

«denn er kommt ja nicht als Muster, sondern als Ausnahme» –

drückt er hier die Hoffnung aus, daß der braune Spuk nicht ewig dauert? – Und jetzt das Erstaunlichste – Benn, als Pastorensohn im Alten Testament bewandert, hält Moses, den ersten «Führer» des israelischen Volkes, der die Kinder Jakobs durch die Wüste ins Gelobte Land brachte, dem «Führer» der Deutschen im zwanzigsten Jahrhundert als Beispiel vor.

Das Gespräch Mose mit seinem Gott, der sich ihm im brennenden Busch offenbart, soll auch, auf seine Weise, der Schreihals Adolf Hitler aus Braunau in Österreich geführt haben, ehe er sich «berufen» fühlte …

«er beruft sich selbst, man kann natürlich auch sagen er wird berufen, er ist die Stimme aus dem feurigen Busch, der folgt er, dort muß er hin und besehen das große Gesicht.»

Ganz logisch ist das alles nicht – einerseits ist also Hitler selbst die Stimme aus dem feurigen Busch, also gottähnlich, andererseits muß er das «große Gesicht» – welches? – «besehen», das für ihn entschieden hat, aber nicht Gott ist, sondern möglicherweise das, was Hitler selbst «die Vorsehung» genannt hat, also eine verborgen wirkende Macht, die ohne menschliches Zutun entscheidet.

Er beschreibt den Vorgang, der sich zwischen den Deutschen und diesem so berufenen «Führer» abgespielt hat und der offenbar auch in dem von Autoritäten immer beeindruckten Doktor Benn vor sich ging:

«Diesem Führer übergab sich nun in unserem Fall auch noch sukzessiv die Masse: in einem zehnjährigen, öffentlich geführten Kampf haben sie gemeinsam das Reich erobert, keine Macht konnte sie hindern, keine Widerstände sie zurückhalten, es war überhaupt keine andere Macht mehr da» – ja, so hat auch der Herr Pastorensohn sich überrollen lassen, der zu Hause gelernt hatte: «seid untertan der Obrigkeit», wie Luther es seinen Gemeindekindern anempfohlen und wie Benns Vater es sein Leben lang gehalten und auch gepredigt hat.

Der Darwinist Benn, der als Medizinstudent die Lehre vom Naturgesetz des Sieges des Stärkeren über das Schwächere widerspruchslos akzeptiert hat, beschreibt denn auch die Machtübernahme wie ein Naturereignis –

«auch hierin zeigt sich das Unausweichliche, immer weiter um sich greifend Massive der geschichtlichen Verwandlung.»

In diesem 1933 geschriebenen Text vermischt sich auf merkwürdige Weise Benns analytische Fähigkeit mit einem ganz irrationalen Rausch der Hingabe an das angeblich Unausweichliche des geschichtlichen Prozesses und den «Führer», der von diesem hochgespült wird. Verrückt genug – ein Beispiel ausgerechnet aus der Geschichte des von den Nazis verfolgten jüdischen Volkes dient dazu, Hitler eine göttliche Sendung zu unterschieben und damit jeden Widerstand gegen ihn und seine Verbrecherfreunde für von vornherein sinnlos zu erklären.

«Züchtungen» nennt Benn diesen Text, und auch im weiteren, während er immer mehr Rechtfertigungen der Nazi-Ideologie sucht, ist es ausgerechnet die Gestalt des am Pharaonenhofe erzogenen Juden Moses, die er beschwört, um für die Rassenreinheit der Deutschen und den Völkermord an den Kindern Israel zu werben:

«Wo wären wir nämlich alle ohne diese Völkerzüchtung, wo wären die weißen Stiere des Mithras oder die goldenen Kälber des Baal. Es hat sich nämlich herausgestellt, daß der größte Terrorist aller Zeiten und der größte Eugeniker aller Völker Moses war. Der Achtzigjährige, der Stotterer, der die in fünfhundertjähriger Zwangsarbeit zermürbten Israeliten zum Abmarsch bewegte, in der Wüste die Alten, die Ägyptischen, die Fleischtopfmaterialisten buchstäblich und bewußt zu Grunde gehen ließ, um allein die Jugend nach Kanaan zu führen. Sein Gesetz hieß: quantitativ und qualitativ hochwertiger Nachwuchs, reine Rasse.»

In der Akademie für Deutsche Sprache und Dichtung verhält sich Elses «Barbar» entsprechend seiner barbarischen Ideologie. Zumindest dort, wo er Einfluß ausüben kann, macht er sich zum Handlanger von Säuberungen: Sein Freund und Förderer Heinrich Mann, Präsident der Akademie, hat einen Aufruf gegen die Hitlerregierung unterzeichnet, der an allen Litfaßsäulen klebt. Er hat diesen Aufruf nicht als Akademiepräsident, sondern als Privatperson unterzeichnet. Auch dazu habe er kein Recht gehabt, so die offizielle Reaktion, da er doch von der Öffentlichkeit in jedem Fall mit seinem Amt in der Akademie verbunden würde. So die Reaktion der neuen Reichsregierung, die diese schleunigst weitergibt.

Benn hatte zwei Jahre zuvor – seid untertan der Obrigkeit! – zu Ehren Heinrich Manns eine Rede verfaßt, auf die hin der gerührte Adressat sich prompt für Benns Aufnahme in die Akademie verwandte, die 1932 stattfand. Nun, im Frühjahr 1933, ist Heinrich Mann in Mißkredit geraten, und Wendehals Gottfried Benn ist sofort wieder auf der Seite, zu der sich der bekennt, der nach oben will. Eine Akademiesitzung wird einberufen, zu der jedoch Heinrich Mann, der Präsident, nicht eingeladen wird. Sein Sessel bleibt leer, wie der von Banquo bei Macbeth' Königsmahl.

Benn erscheint gut vorbereitet. Er hat schon im Vorfeld gearbeitet. In Abwesenheit Heinrich Manns präsentiert er Zettel zu einer Befragung an die Akademie-Mitglieder, ob man für oder gegen die neue Reichsregierung sei. Die- oder derjenige, der, wie Döblin oder Ricarda Huch, gegen eine offizielle Unterstützung Hitlers durch die Akademie votiert, hat damit, wie sich dann herausstellt, automatisch den Austritt aus der Akademie unterschrieben.

Nach diesem Königsmord läßt sich Gottfried Benn selbst zum vorläufigen Präsidenten der Akademie, Abteilung Dichtkunst, wählen, während sein ehemaliger Freund Heinrich Mann durch diese Aktion eben des Amtes enthoben wird, das nun Benn, der von ihm erst kurz zuvor geförderte Jungstar, übernimmt. Es ist Heinrich Mann klar, daß er den nächsten Zug in die Emigration nehmen muß, wie viele andere, die schon jetzt, in den ersten Stunden des Dritten Reiches, absehen können, wohin das alles führen wird.

Welches Gefühl hat Benn beschlichen, als er die Scheiterhaufen mit den Büchern brennen sah, die von seinen ehemaligen Weggefährten, Helfern und Rivalen geschrieben waren?

Hat er nicht befürchtet, daß auch seine eigenen Werke bald unter denen sein würden, die der öffentlichen Ächtung preisgegeben wurden? Konnte er allen Ernstes annehmen, die Nazis würden den Dichter der «Morgue» in den Olymp ihrer Blut-und-Boden-Schreiber aufnehmen?

Benn hatte sich Hoffnungen gemacht, daß er das Amt des Präsidenten der Abteilung Sprache und Dichtung in der Akademie der Künste für längere Zeit innehaben, daß er nun ein geehrter Mann statt ein leicht anrüchiger Skandaldichter werden würde. Er begrüßte eine Abordnung der italienischen Futuristen und den von ihm verehrten Marinetti in seiner neuen Würde, er tat es mit Bravour, und kurzfristig waren die Nazis angetan, daß der auch im Ausland geschätzte Benn sich für sie als Aushängeschild hergab. Die Ehrung der Futuristen war ihnen recht, weil sie den Flirt mit dem Duce erleichterte. Der Kunstgeschmack des Duce war ja nicht ganz so verbohrt-spießig wie der der Nazis; Else Lasker-Schüler behauptete von ihm, er habe ihre Gedichte auf dem Schreibtisch gehabt und wollte ihn aufsuchen und ihn um

Verhinderung des Judenmordes bei Hitler bitten. Sie hatte Benito Mussolini in den frühen zwanziger Jahren, als er noch ein aufstrebender Politiker war, in ihrem Züricher Hotel kennengelernt – damals als Eingeladene des Grafen Kessler in deutscher Kulturmission – und wußte, daß Mussolini in der Judenfrage weitaus offener als Hitler war.

Jedenfalls mag sich Benn aus der Annäherung an die Futuristen wirklich einen neuen kulturellen Impuls eines, sagen wir: aufgeklärten Faschismus für die Nazis erhofft haben. In seinen späteren Rechtfertigungsschriften wird er immer wieder darauf zurückkommen, daß er in dieser Richtung wirken wollte, daß er die Stühle für die heimkehrenden Emigranten freihalten wollte – die Frage bleibt, warum er sie dann erst von diesen Stühlen verdrängte, warum er nicht entschiedener Stellung bezog, als es – möglicherweise – noch Zeit war.

Die Nazis jedenfalls ließen sich durch seine Werbung nicht dauerhaft verführen. Sie kannten ihren Pappenheimer. Wenn er kein «Entarteter» sein wollte – in ihren Augen war er doch einer, und wenn er sich noch so anbiederte.

Sie schmückten sich eine Weile mit ihm und dem Ansehen, das er im Ausland genoß, um damit klarzumachen, wie modern und aufgeschlossen sie doch eigentlich waren, ebenso wie sie zum Beispiel Max Reinhardt die «Ehren-Arisierung» anboten.

Aber dieser Name: Benn – hieß das nicht nicht nach seiner eigenen Aussage auf hebräisch «Söhne»? War er nicht vielleicht doch kein so echter Arier? Wurde nicht von ihm behauptet, er sei im Grunde homosexuell? Galt er nicht als erklärter Kokainkonsument? Als Morphinist? Waren nicht alle seine Verleger Juden? Hatte er nicht diese seltsame Beziehung zu der Jüdin gehabt, die wie keine andere jene Kunst inspiriert hatte, die von jetzt an als «entartet» erklärt wurde und von der Deutschland zu säubern war wie von den Juden?

Benn muß sich gefragt haben, was aus dem Prinzen Jussuf wurde in diesen ersten Monaten der Nazi-Herrschaft, die sich durch unerbittliche Verfolgung ihrer politischen Gegner wie durch den erstaunlich geringen Widerstand des größten Teils der Bevölkerung schnell unumkehrbar etablierte. Er muß an sie gedacht haben, als plötzlich in den ersten Apriltagen des Jahres 1933, Vorboten der «Reichskristallnacht», die Scheiben jüdischer Geschäfte eingeworfen wurden und Aufrufe zum Boykott der Juden auf allen Litfaßsäulen klebten. Er hat sie nicht aufgesucht, sie hat telefonisch von ihm Abschied genommen. Und da werden ihm Jahrzehnte der Freundschaft, vielleicht auch der Liebe bewußt. Benn schreibt an Ina Seidel:

«Von meinem Osterausflug zurückgekehrt, finde ich unter meiner Post dies für Sie bestimmte Päckchen von Else Lasker-Schüler, mit der ich seit Jahrzehnten sehr befreundet war ... Sie hat Deutschland verlassen u. verabschiedete sich Freitag telephonisch von mir. Offenbar sendet sie Ihnen einen Gruss und wusste Ihre Adresse nicht».

Von anderen jüdischen Freunden und Freundinnen des Doktor Benn ist uns bekannt, daß er ihnen am 1. April 33, dem ersten Tag des Judenboykotts, die Freundschaft kündigte. Elisabeth Castonier berichtet in ihren «Memoiren einer Außenseiterin»: «Die Dramaturgin Anni Bernstein saß elegant und gelassen wie stets in ihrem Zimmer. Das Telephon klingelte, sie nahm den Hörer ab, horchte und sagte dann ruhig: Vielleicht hätte ich mir das denken sollen, und legte den Hörer auf. Gottfried Benn hat mir eben die Freundschaft gekündigt, weil ich Jüdin bin.»

ELS hat von den Überresten ihres Hofstaats Abschied genommen, dessen einzelne Mitglieder in alle Teile der Welt aufbrachen, um dort eine neue Existenz zu suchen. Sie, die bereits vor der Machtergreifung zu den beliebtesten Opfern der Straßenschläger in Uniform gehört hatte, streckte ihnen in einer seltsam chaplinesken mutigen Verachtung immer

1933: Die Emigrantin.
«Und deine Lippe, die der meinen glich, ist wie ein Pfeil
nun blind auf mich gerichtet.»

wieder die Zunge heraus, wenn sie ihr begegneten, obwohl sie dabei am ganzen Leibe gezittert haben muß. Sie wurde jetzt täglich angegriffen – öffentlich, und ohne daß jemand Hilfe geleistet hätte. Bis sie eines Tages, mit Eisenstangen und Stiefeln von vier oder fünf SAlern zusammengeschlagen, sich auf allen vieren zum Bahnhof schleppte und dort in den nächsten Zug in die Schweiz gezogen wurde, der sie mitnahm in die einsame Freiheit der Emigration. Sechs Tage hat sie auf einer Parkbank am Zürichsee verbracht, in denen die Wunden langsam heilten, während sie sich unter Zeitungen versteckte.

Als sie sich schließlich mit dem Ausweis des Deutschen Reiches der Schweizer Fremdenpolizei stellt, wird ihr die Ausübung ihres Berufes – «Dichterin» steht in der entsprechenden Zeile des Fragebogens – verboten. Wovon lebt sie? An Max Reinhardt schreibt sie 1933 aus Zürich: «Indes war ich schon im Tessin, sagte meine Gedichte und zwei Bilder meines neuen Schauspiels und auch hier im Fluntensaal und es gefiel so. Bitte, spielt es in Wien und in Salzburg – dann komm ich und mir geht's dann besser. Zwar finde ich Unfug von mir zu sprechen, aber ich würde mitgehen und dann fahr ich nach vielen Ländern: Palästina, aber auch Afrika und dann Südamerika. Ich habe noch immer dieselbe Freundschaft mit den Stämmen und bin in Gedanken am River. Und ernähre mich hauptsächlich vom Bildermalen. Jetzt leb ich wie ein Vogel mit den Vögeln, und wir suchen Hanf, den Hanf der Welt, und wenn der Abend kommt, sucht einer nur ein Nest. Aber bis jetzt geht's. Und so oft denke ich an Professor Reinhardt, so oft. Niemand in der Welt weiß so sehr, wie lieb er ist und kennt den einsamen Wiegenplatz in seinem Herzen. Und wie Sie mein Leben erkannten in der Zeit der ‹Wupper› und mich ehrten unter den Freunden. Ich bin sicher sentimental – zwei Bäche stehen plötzlich in meinen Augen – die ich sonst so rauh bin. Bleiben Sie ja gesund, und alles muß Sie hüten wie bei den Indianern die gewaltigen

Federindianer in weißen Adlerfederhüten und Gürteln gehütet werden. Ich habe gesprochen – Ihr blauer Jaguar.»

Klaus Mann mit seiner Schwester Erika suchen und finden sie. Beide gehören jetzt, wie auch ihr Vater Thomas und dessen Bruder Heinrich, zu den deutschen Emigranten, die in allen europäischen Hauptstädten außerhalb des Nazi-Reiches Schutz suchen. Der berühmte Brief, den der Autor des «Mephisto» an Gottfried Benn schreibt, und in dem er ihn auffordert, doch zu denen zu stehen, die seine wirklichen Freunde sind, und nicht denen die Stiefel zu lecken, die ihn damit treten werden, findet sicher Elses Billigung. Hofft sie, Benn könnte einsichtig werden, vielleicht sogar in die Heimat seiner Mutter, die französische Schweiz emigrieren, wo er wieder in ihrer Nähe wäre? Sie weiß ja wie Klaus Mann, daß die Nazis ihn nicht dauerhaft hofieren werden. Ein erschütterndes Gedicht von ihr aus dieser Zeit gibt es, das offensichtlich an ihn gerichtet ist:

Das Lied der Emigrantin.

Es ist der Tag in Nebel völlig eingehüllt,
Entseelt begegnen alle Welten sich –
Leer hingezeichnet wie auf einem Bild

Wie lange war kein Herz zu meinem mild …
Die Welt erkaltete, der Mensch verblich.
Komm, bete mit mir, – denn Gott tröstet mich.

Wo weilt der Odem, der aus meinem Leben wich …
Ich streife heimatlos zusammen mit dem Wild
Durch bleiche Zeiten träumend – ja, ich liebte dich.

Bald haben Tränen reißend alle Blumen weggespült,
An deren Kelchen Dichter ihren Durst gestillt –
Auch du und ich.

Und deine Lippe, die der meinen glich,
Ist wie ein Pfeil nun blind auf mich gezielt,
Und alles starb, was ich für dich gefühlt.

Später, als sie keine Hoffnung auf eine Änderung in Benns Haltung mehr haben konnte, aber auch keine so wütende Enttäuschung sie mehr erregte, löschte sie daraus die letzten drei Zeilen, die sich auf ihn bezogen und zog sich ganz auf sich selbst und ihren Schmerz über Deutschland zurück, dem Land, das sie verscheuchte.

Mit dem Titel «Die Verscheuchte» ist das Gedicht in die Anthologien eingegangen.

Benn beantwortet Klaus Manns offenen Brief vom Mai 1933 ebenfalls offen – das heißt, er hält im reichsdeutschen Rundfunk eine Rede, die als Antwort gedacht ist und in der er klarstellt, daß er sich auf die Seite seines Volkes stellt – wobei er gleichzeitig annimmt, daß die, die vor der Nazi-Diktatur geflüchtet sind, sich damit auch von Deutschland überhaupt abgewandt haben. Er erklärt sie also, differenzierter, aber darum nicht weniger scharf als zum Beispiel Goebbels, für Feinde des deutschen Volkes. Kein Wunder, wenn Else seine «Lippe» als «blind auf sich gezielt» empfindet, denn gerade in ihr – wie auch in den meisten anderen Emigranten – bleibt ja das Bewußtsein, dem eigentlichen, dem besseren Deutschland anzugehören.

«Nur die», sagt Benn, «die durch die Spannungen der letzten Monate hindurchgegangen sind, die von Stunde zu Stunde, von Zeitung zu Zeitung, von Umzug zu Umzug, von Rundfunkübertragung zu Rundfunkübertragung alles dies fortlaufend aus nächster Nähe miterlebten, Tag und Nacht mit ihm rangen, selbst die, die das alles nicht jubelnd begrüßten, sondern es mehr erlitten, mit diesen allen kann man reden, aber mit den Flüchtlingen, die ins Ausland reisten, kann man es nicht» – und er stellt sich die Angesprochenen in feinen Badeorten vor, wo sie mit elegantem Nichtstun die Zeit verbringen, während das Land, das sie verlassen haben, einen großen Kampf für die Zukunft führt.

Diese Rede im Rundfunk war eine der Taten, für die ihm die braunen Machthaber dankbar sein mußten, beruhigte sie doch gewiß nicht wenige Deutsche, die sich Fragen nach den Geflohenen stellten, über ihre eigene Haltung gegenüber dem Verschwinden ehemaliger Freunde.

Er wird diese harte Zurechtweisung Klaus Manns nach dem Zweiten Weltkrieg zurücknehmen und sehr nachdrücklich erklären, daß der sehr viel Jüngere damals weitsichtiger und genauer als er selbst geurteilt habe. Aber es bleibt ein schales Gefühl, wenn er nach 1945 den Heimkehrenden durchaus nicht erfreut, sondern mit unverhohlenen Gefühlen der Eifersucht begegnet und ihnen entgegenhält, daß jeder, der «den Popocatepetl von weitem gesehen» habe, sich als Emigrant darstelle und von der Wiedergutmachung Gewinn für sich erwarte.

Benn stilisiert sich gern als einer, der durchhält, der aushält, ein einsamer Kämpfer auf dem Schlachtfeld der Götterdämmerung, und der dafür auch den Lohn der Vorsehung erwartet, die ihn an diese Stelle gesetzt hat – er wird sie gern als Thermopylae apostrophieren – als letzten Verteidiger des Abendlandes, noch in dessen Ruinen dem Tod gefaßt entgegensehend. Diese Rolle hatte er sich schon nach den ersten Tagen der Hitlerregierung zurechtgelegt, sie löst die des düsteren Nihilisten der zwanziger Jahre ab und er wird sie bis in die fünfziger Jahre beibehalten, als er dann in die des poeta laureatus umsteigt, des weisen, verzichtenden, abgeklärten Dichters, der sich auch in den Irrungen letzten Endes treu blieb.

Erst einmal übernimmt Benn 1933 als Amtierender Abteilungspräsident für Sprache und Dichtung in der Akademie der Künste für die neue Reichsregierung einige wichtige Aufgaben. Er hält für sie Reden auf Persönlichkeiten des

Kulturlebens, gegen die er selbst nicht allzuviel einwenden kann. Er repräsentiert ein wenig, sicher nicht in dem Maße, wie es ihm gefallen hätte, denn er wird an kurzer Leine gehalten. Er streitet sich mit Börries von Münchhausen und weist dessen bornierte Kulturvorstellungen ab – aber Börries von Münchhausen steht selbst auf bedrohtem Posten und wird später Selbstmord verüben, weil sich seine Wünsche an die Nazi-Herrschaft nicht erfüllten.

Die Hoffnung, im Nazi-Staat Einfluß ausüben zu können, trügt. Seinem langjährigen Brieffreund Oelze gegenüber äußert er sich bereits ab 1934 kritisch über die neuen Machthaber; sein Engagement für sie beginnt ihn zu reuen, ohne daß er jedoch diese Gefühle veröffentlichen würde.

Und um 1936 herum hat er bereits begriffen, wie wenig seine Art zu denken und schreiben mit den Nazis gemeinsam hat.

Da erscheint im «Schwarzen Korps», dem offiziellen SS-Blatt, ein vernichtender Artikel gegen Benns «Ausgewählte Gedichte», die soeben herausgekommen sind, und gegen Benn selbst. Es heißt da: «Gib es auf, Dichter Benn, die Zeit für derartige Ferkeleien sind endgültig vorbei.» Ihm wird geraten, nicht länger «eine derartige Geistesverblödung ins Volk zu tragen». Einen Tag später applaudiert der «Völkische Beobachter» dem Verfasser der Hetztirade.

Benn reagiert zunächst mit Anpassung. Ehrenwörtlich versichert er, daß er nicht schwul sei und versucht, mit der Vorlage positiver Kritiken zu beweisen, daß seine Gedichte keine «Ferkeleien» sind, sondern «wertvoll».

Goebbels und seine Mitarbeiter haben sich nicht lange vortäuschen lassen, daß der alte Zyniker und Nihilist Benn wirklich zu ihnen gehören könnte. Die dumpf germanischen mythologischen Vorstellungen, mit denen Hitler sich Wotan vergleicht, Göring sich für Thor hält und Goebbels für Loki, die Pläne, etwa die deutschen Dichter, wie im Mittelalter oder bei Wagner, auf der Wartburg Sängerwettstreite austragen zu lassen – das alles ist ja nun Benns Sache wirklich nicht. Es ist auch kein Gleichrangiger mehr da in Berlin (keine Gleichrangige), und so muß der preußische Orpheus zunehmend vereinsamen. Die Ausdünnung des intellektuellen Lebens in Berlin betrifft nun ihn selbst. Da ist niemand mehr, an dem – an der – er sich messen kann, niemand mehr für Gespräche, für eine Beurteilung entstehender Verse. Benns Gedichte, etwa sein Olympiade-Hymnus, werden gräßlich schlecht. Ihm wird jetzt klar, wie sehr er die Nazis überschätzt hat, und nun findet er bittere Worte der Kritik: ein «Schmierentheater» seien sie, das ständig «Faust ankündigt, aber die Besetzung langt nur für Husarenfieber». An seinen Freund Oelze schreibt er nach Bremen: «Wenn ich mir so mein Leben ansehe, das ich führe, dies bescheidene, stille, armselige Leben in 3 kleinen Stuben, mit genau kalkulierten Ausgaben, billigem Essen und Trinken, Einschränkungen mancher Art, weil ich noch anderen helfe, helfen muß, denen es noch weit schlechter geht u. die gut zu mir waren, wofür ich diese vielen Kämpfe, Peinigungen, geradezu doch Verfolgungen eigentlich ertrage ... vielleicht löst sich vorher bei einem SS-Mann ein Schuß auf der Straße und ich bin hinüber.»

Wieder besinnt er sich auf seine Freunde, die Offiziere aus der kaiserlichen Akademie, die jetzt in der Wehrmacht wichtige Posten bekleiden, von denen aus sie ihm noch einmal helfen können. Benn wird tatsächlich von ihnen in der Armee untergebracht, er verläßt Berlin und geht nach Hannover, wo er nun als Sanitätsoffizier beschäftigt wird. Es ist seine einsamste Zeit, doppelt einsam, weil er wie kein anderer Berlin verbunden ist und ohne seine nächtlichen Gänge in den Straßen, ohne seine Nachtcafés und Kneipen und ohne seine ihm befreundeten Prostituierten kaum leben kann.

«Die Dichterin» von Christian Rohlfs. Nach dem Ersten Weltkrieg wird die Muse der Expressionisten zur Theaterautorin. Benn sieht sie nur noch selten. «Ich glaube wir sehen uns niemals wieder, aber ich denke oft an dich, und Paradies wächst wieder in mir.»

Aber endlich kann er wieder schreiben, wenn er auch das Geschriebene nicht mehr veröffentlichen darf.

Einen Ort sucht er sich in Hannover, das «Weinhaus Wolf», in dem er seinen Gedanken nachhängt, wo er schreibt und raucht und der Zeit beim Vergehen zusieht, während der Krieg vorbereitet wird, der zweite, an dem Benn teilnimmt, der zweite auch, in dem es den Deutschen darum geht, an die Weltherrschaft zu kommen, von der die Nazis behaupten, daß sie der deutschen Herrenrasse allein zusteht.

Er nennt dies seine «innere Emigration» – im Vergleich zu «äußeren», in der seiner Meinung nach zum Beispiel Else sich befindet. Ob er noch an sie denkt? Manche Gedichte lassen es ahnen.

> Abschied.
> Du füllst mich an wie Blut die frische Wunde
> und rinnst hernieder seine dunkle Spur,
> Du dehnst dich aus wie Nacht in jener Stunde,
> da sich die Matte färbt zur Schattenflur.
> Du blühst wie Rosen schwer in Gärten allen,
> Du Einsamkeit aus Trauer und Verlust,
> Du Überleben, wenn die Träume fallen,
> zuviel gelitten und zuviel gewußt.

Benn wird nur noch am Rande Zeuge der Ausstellung «Entartete Kunst», in der die Nazis die größten Meisterwerke der heute «Klassischen Moderne» in allen größeren deutschen Städten einer banausischen Verurteilung preisgeben, die der gaffende und lachende Pöbel nur allzu gerne mitmacht – und ihre Künstler als Geisteskranke und Scharlatane verspottet.

Die Bilder von Elses Freunden sind hier vereint, alles, was ihr nahestand, ist nun «entartet», soll angeblich der «Verhöhnung der deutschen Frau» oder des «deutschen Bauern» oder der «Verbreitung kranker jüdischer Ideologien» dienen. Es gibt ein Foto dieser Ausstellung, auf dem ist in einer Ecke eine Plastik zu sehen, die den Prinzen Jussuf selbst darstellen könnte. Jedenfalls ist der Kreis dieser Bilder sein eigentlicher Hofstaat, und so, in ihrer Zusammenstellung, haben sie etwas außerordentlich Politisches, da ihnen die Wahrheit des Gefühls, die Erkenntnis des Leides und seine Umsetzung in große künstlerische Form vollkommen gelingt. Ihre Denunzierung wirkt wie eine Vorbereitung der menschlichen Sensibilität zur Entmenschlichung. Und dies um so mehr, wenn man sie mit den Bildern vergleicht, die die Nazis als die ihnen gemäße Kunst in der «Großen Deutschen Kunstausstellung» parallel dazu zeigten: Soldaten, den Blick in eine düster lohende Zukunft gerichtet, Familien, deren einzelne Gesichter wie aus Stein sind, verhärtet bis zur stummen Grausamkeit, der Führer in Fassonschnitt und Ritterrüstung mit der Hakenkreuzfahne im Arm.

Und noch kälter – wenn dies überhaupt möglich ist – sind die Bilder des Films, der von den Modellen zur neuen Reichshauptstadt «Germania» gedreht wurde. Eine Stadt riesiger Gebäude, imponierender Straßenachsen und gewaltiger Monumente, in der keine Spur eines Menschen zu erkennen ist. Eine Stadt für Tote – so wie auch Paris dem «Führer» erschien, als er die Stadt in den Morgenstunden nach dem deutschen Einmarsch besuchte: leer von Menschen.

Was jedoch bei den Pariser Bürgern Geste eines unbeugsamen stummen Widerstands war, ist in diesen Architekturmodellen als Zukunftsvision des kommenden «Tausendjährigen Reiches» geplant. Prunk ohne Leben, ohne Lachen, ohne Leiden – ohne Menschen.

Um deren Ausrottung geht es ja auch zunehmend, soweit sie nicht dem vollkommenen Bild des Ariers entsprechen, der, nach seiner bildlichen Darstellung in der Deutschen Kunstausstellung, ein fühlloser Klumpen aus Muskeln und blondem Haar über leblosem Gesicht mit gräßlich blauen Augen ist. Von heute her gesehen wirkt da alles fast wie eine Karikatur – aber auch nur fast, denn die Todeskälte in allem da für vorbildlich Erklärten läßt auch jetzt noch das Blut in den Adern gefrieren.

Die Künstler aus Elses Hofstaat, die damals zu verlachen waren, begingen Selbstmord, wo sie nicht auswandern konnten. Sie wurden durch Verfechter jenes tödlichen Kunstbegriffs ersetzt, in dem es keine andere menschliche Geste als die des zum Sterben und zum Töten bereiten Helden gab.

Die «entarteten» Bilder wurden in Kellern gelagert, dann zur Devisenbeschaffung im Ausland verkauft, viele von ihnen sind bis heute verschollen, viele sind zerstört worden und existieren nur noch in Farbdrucken, wie zum Beispiel Franz Marcs dem Prinzen Jussuf gewidmeter «Turm der blauen Pferde».

Diese Ausstellung «Entartete Kunst» mit ihrem Gegenbild, der «Großen Deutschen Kunstausstellung» der Nazis, die im Juli 1937 in München eröffnet und dann bis über das Jahr 1938 in zahlreichen deutschen Städten gezeigt wurden, waren eine Aufforderung zur Barbarei, die sich wenig später entlud. Am 9. November 1938 brennen in Berlin, aber auch anderswo, die Synagogen. Seit März 1938 ist Benn aus der Reichsschrifttumskammer offiziell ausgeschlossen. Zweifellos hat auch er die Brutalitäten der «Reichskristallnacht» mitbekommen, die doch nur der Auftakt zu noch Schlimmerem waren. In seinen Briefen an Oelze geht er andeutungsweise darauf ein.

Als am Sanitätsarzt Dr. Benn die Züge mit den Viehwagen vorbeirollten, die Menschen in die Konzentrationslager transportierten, hat er die Augen davor verschlossen wie die meisten anderen nicht unmittelbar beteiligten Deutschen. Oelze gegenüber bekennt er Irritation über abgeführte Judenkinder – öffentlich äußert er sie nicht. Vielleicht war er an einer ganz tiefen Stelle seines Inneren froh, daß er Else in der Schweiz oder noch weiter weg wußte, wo sie zumindest vor diesem Schicksal ihres Volkes in Sicherheit war und wo es für sie zwar Armut und Angst genug gab, aber doch nicht das ganze Grauen der Vernichtung in den Lagern und den Gaskammern. Erst die Bücher, dann die Bilder, dann die Menschen – und danach auch noch die geplante Selbstvernichtung der Deutschen, die von ihrem Führer, «des Sieges unfähig», zur Zerstörung in der Götterdämmerung freigegeben wurden, als lebte die Welt immer noch nach dem Mythos der germanischen Götter und ihrer gesetz- und regellosen Zerstörungswut.

Die Schweiz kann für den Prinzen Jussuf keine Heimat werden.

Gedichtvorlesungen finden am Rande der Legalität statt, und die deutsche Reichsregierung legt den schweizerischen Behörden immer wieder nahe, ein besonders strenges Auge auf Frau Lasker-Schüler zu haben, denn sie sei eine berüchtigte Emanzipierte und als solche schon in Berlin immer wieder auffällig geworden.

Leopold Lindtberg führt 1936 am Züricher Schauspielhaus mit seiner vorzüglichen Truppe emigrierter Schauspieler endlich den «Arthur Aronymus» auf, und zwar mit offensichtlich beträchtlichem Erfolg. Das seltsame und wunderbare, dabei politisch so kluge Stück überwältigt die Zuschauer der ersten beiden Spielabende – und dann wird das Stück ohne Begründung vom Spielplan abgesetzt. Offensichtlich hat die Reichsregierung interveniert, und die der Schweiz hat keinen Anlaß gesehen, den Nazis auf diesem «Nebenschauplatz» die Stirn zu bieten.

Im Café Odeon, das in Zürich den Emigranten das Romanische Café ersetzte, soll sich die Szene abgespielt haben, die Schalom Ben Chorim beschreibt: Else beschwor die dort wie im Wartesaal auf Koffern sitzenden Maler und Literaten, einander an den Händen zu fassen und gemeinsam eine voodooartige Beschwörung gegen Hitler zu machen, wie sie sie aus Filmen kannte. Mit gemeinsamem «Wumba-Wumba» und intensiver Konzentration auf den «Führer» sollte der hypnotisiert geradewegs aus der Reichskanzlei in eine Synagoge hineingehen – um dort Schofar zu blasen. Dann würde die Welt sich kaputtlachen, und es hätte ein Ende mit der Nazi-Herrschaft. Die Beschwörung hat nicht genützt – oder vielmehr: nicht sofort.

Es dauert nicht lange, da kann Else überhaupt nicht mehr in der Schweiz bleiben, weil die deutsche Reichsregierung ihren Paß nicht verlängert und die Schweizer Behörden Else mit ungültigen Papieren nicht mehr im Land haben wollen.

Götterdämmerung und Heimkehr.
1939, 1945, 1956

Einen Teil ihrer Habe läßt Else in der Schweiz zurück, in der Hoffnung, doch bald wiederkommen zu können. Und sie reist über Ägypten – dieses Land aus Jussufs Träumen berührt sie nur kurz, und die Stadt Theben, das heutige Luxor, bekommt sie nicht zu sehen – nach Palästina. Die treue Tochter ihres Volkes betritt endlich den Boden der Stadt aller Städte.

«Aus der Höhe Jerusalems stürzt der Geier und ordnet sein Gefieder ... nie sah ich einen Menschen, der, im Begriff sich auszuruhn, mit glorreicherer Geste sein Gewand betrachtet wie der edle Raubvogel.» Wir erinnern uns der Zeilen Benns: «Hyänen, Geier, Tiger sind mein Wappen» ... Hat sie, wenn sie die Vögel mit den breiten Schwingen über sich sah, an diese frühen Verse gedacht, die ihr von dem falschen «Sohn» gewidmet waren, der jetzt auf der Seite der Deutschen in Hitlers Krieg mitkämpft? Was weiß sie von den Konzentrationslagern? Was von den Toten von Auschwitz? In ihren «Hebräischen Balladen» hat sie alles dies prophetisch vorausgesehen, in genau der Zeit, in der ihr Giselheer so viel bedeutete.

Mein Volk.

Der Fels wird morsch,
Dem ich entspringe
Und meine Gotteslieder singe ...

Jäh stürz ich vom Weg
Und riesele ganz in mir

Fernab, allein über Klagegestein
Dem Meer zu.

Hab mich so abgeströmt
Von meines Blutes
Mostvergorenheit.
Und immer, immer noch der Widerhall
In mir,
Wenn schauerlich gen Ost
Das morsche Felsgebein
Mein Volk,
Zu Gott schreit.

Jetzt sind Elses Gedanken und die Träume des Prinzen Jussuf wieder in die Zukunft gerichtet. Was dieser Name schon ausdrückt, die Verschmelzung des Jüdischen und des Arabischen, das schlägt sie auch für das Zusammenleben beider Völker auf dem palästinensischen Boden als einzigen Weg des Friedens vor. Schon damals war das eine Hoffnung, der die Wirklichkeit entgegenstand und die sich doch eines Tages erfüllen muß, wenn dieser Teil der Welt nicht ein ewiger Krisenherd bleiben soll.

Ihr Buch «Mein Hebräerland», nach dem ersten Jerusalem-Besuch und der erneut versuchten Rückkehr nach Europa entstanden, verschmilzt Eindrücke, die sie 1937 im Heiligen Land ihrer Väter und von seiner damaligen konfliktreichen Gegenwart erhalten hat, mit Visionen einer glücklicheren Zukunft und Mahnungen an Juden und Araber, als friedliche Brudervölker miteinander friedlich und brüderlich umzugehen.

Die Else Lasker-Schüler, die dieses Buch geschrieben hat, hat nicht mehr viel gemeinsam mit dem spielerischen Prinzen Jussuf und dem schmerzerfüllten Malik der Jahre um den Ersten Weltkrieg. Der Prunk des Morgenlandes, den sie so gern entfaltete, kommt in den gedämpfteren Farben der politischen Realität nur noch mit schwachem Schimmer vor, der ab und zu ein fernes Leuchten aus mystischer Urzeit der Väter oder aus den Träumen von blaueren Nächten und einem helleren Mond erkennen läßt. Auch die Funken der erotischen Leidenschaft sprühen nicht mehr, dafür ist um so mehr das Sendungsbewußtsein der Tochter des gequälten jüdischen Volkes zu spüren, das in diesen Jahren durch die Hölle geht und doch gerade dadurch zu einer neuen Realisierung seiner selbst in einem eigenen Staat, nach zwei Jahrtausenden des Exils, gelangt.

Benn hat das Bild des Moses vor dem brennenden Busch beschworen, um damit seine Vision des «Führers» zu überhöhen. Dabei war ihm nicht klar, daß das jüdische Volk in eben diesen Jahren zum zweiten Mal und durch eine brennendere Wüste auf sich selbst zuging, während das deutsche Volk dabei war, seine Identität zu zerstören und sein Gesicht für immer zu verlieren. Deutschland wird es nach diesem Krieg nur mehr in Bruchstücken geben, dafür wird Israel entstehen.

Else ist in den wenigen Jahren des Exils alt geworden. Dieselben Züge, die sich in den zwanzig Jahren zwischen 1912 und 1932 kaum veränderten, nun sind sie die einer alten Frau, die für eine Hexe gelten könnte mit ihrem gekrümmten Rücken, ihren umschatteten Augen, ihrer seltsamen Kleidung, ginge sie durch eine der noch unzerstörten mittelalterlichen Städte Deutschlands, die der Bombenkrieg nun in Schutt und Asche legen wird.

Franz Werfel sieht sie so in seinem letzten Werk.

Deutschland wird sie nie wiedersehen, das Land, in dem sie geboren wurde, in dem sie liebte, ein Kind hatte, Freunde, alles, was Else kannte und was sie trotzig wenigstens für sich erhalten will. Sie schreibt in deutsch und sie weigert sich, ihre Gedichte ins Hebräische übersetzen zu lassen:

«Auf deutsch sind sie schon jüdisch genug», sagt Prinz Jussuf, verzeihend noch an einem Punkt, wo niemand sonst mehr verzeihen würde. Für wen schreibt ELS ihre schönsten Liebesgedichte, die in dieser Zeit entstehen? Liebesgedichte einer alten Frau, die auch Erinnerungen sind.

Ein Liebeslied.

Komm zu mir in der Nacht – wir schlafen eng
verschlungen.
Müde bin ich sehr, vom Wachen einsam.
Ein fremder Vogel hat in dunkler Frühe schon gesungen,
Als noch mein Traum mit sich und mir gerungen.

Es öffnen Blumen sich vor allen Quellen
Und färben sich mit deiner Augen Immortellen …

Komm zu mir in der Nacht auf Siebensternenschuhen
Und Liebe eingehüllt spät in mein Zelt.
Es steigen Monde aus verstaubten Himmelstruhen.

Wir wollen wie zwei seltne Tiere liebesruhen
Im hohen Rohre hinter dieser Welt.

Benn 1912: «Ich treibe Tierliebe – in der ersten Nacht ist alles entschieden –» Es scheint nicht vermessen, bei diesem Gedicht an Benn zu denken, der ja auch in ihrem dritten Stück «IchundIch» als Doktor Faustus eine so große Rolle spielt. Da stecken er und sein Mephisto in einer zirkusartigen Hölle, deren Teufel mit Hitler, Göring, Baldur von Schirach und Goebbels alle Hände voll zu tun haben, und bemüht sich immer noch strebend, während die Dichterin, einen Koffer mit sich schleppend, umherirrt und nach dem Gott ihrer Väter sucht.

Das Stück ist eine Auseinandersetzung mit Deutschland

und den zwei Seelen, die das Land beherrschen und dessen Geschichte geprägt haben – die des Forschenden, Suchenden, die des Dichters auch, und andererseits jenes anderen Völkern unvorstellbare Potential an Grausamkeit und Zerstörungswut bis hin zu der Sehnsucht nach Selbstzerstörung.

Else, die in Deutschland geborene Jüdin, weiß, daß selbst sie beide Seelen in der Brust trägt. Ihre Mutter, als sie mit ihren literarischen Soireen die Liebe zur deutschen Sprache und Dichtung, besonders zu Goethe, weckte, hat sie dem Kind schon eingepflanzt.

> Die Dichterin:
> An meine teure Mutter diese Zeile,
> Der Goethehochverehrerin: sie ist
> Die Patin meiner beiden Hälftenteile

Faust, der zusammen mit Mephisto erscheint, ist in «IchundIch» eine Reinkarnation Goethes, – von Goethes Büchern heißt es, daß sie von den Nazis zusammen mit der Bibel in Weimar auf dem Marktplatz verbrannt worden sind. Aber schon bald vermischt sich die Figur des Faust und des Goethe darin mit der des Benn, wie die Dichterin ihn kannte, wie sie ihn liebte und wie sie ihn verabscheute. Goebbels und Göring schlagen ihn in ihren Bann, er läßt sich von ihnen verführen, wie er zuvor von Mephisto verführt wurde.

Else stellt ihren Faust-Goethe-Benn zwar als unschuldig an dem Untergang dar, aber auch als unfähig zur Auflehnung: «Satanas, stelle meinen Puls zurück ... ich ertrage nicht des Vaterlands Geschick.» Daß sich dieser Untergang für ihn vor allem bei den Soldaten abspielt, hat sicher auch mit Benns Vergangenheit zu tun: «Das Jammern der Soldaten, Satanas, mein Herz, es kann es nicht ertragen ...» und, noch stärker, ganz im Sinne der Bennschen Biographie: «Ich versänke gern dort mit dem Heere in den Tod ... ich flehe, Fürst, schürt wilder noch die Höllenflammen und laßt mich sterben, mich, den deutschen Dichtersohn, mit meines deutschen Vaterlandes Sohn, mit meinem Volk zusammen.»

Mephisto ist Fausts Gegenspieler, sein «Weggeleit», aber er ist auch sein anderes Ich – sein IchundIch. Zur Hölle sind beide verdammt, weil sie nicht lieben können. Mephisto weiß dies besser als Faust, und auch, daß die Sehnsucht nach noch mehr Wissen, nach noch mehr Gelehrsamkeit in den Abgrund geführt hat, über den sie sich im Spiel, mit kindlicher Gläubigkeit und Menschenliebe – zu der beide nicht fähig sind – hätten erheben können: «Ich höhne der Gelehrsamkeiten Professoren, die Zeit zum Spielen geht den Herrn verloren. Wie spielerisch dreht uns beide doch der Reim. Trocken lehrt die Professur hingegen auf den meist von ihr nie betretnen Wegen. Doch jeder Studio füllt sichs Büchschen für sein Nixchen mit Suppensternchen und mit Urschleim zum Mittagstisch daheim.»

«Urschleim» ... «oh daß wir unsre Ururahnen wären, ein Klümpchen Schleim in einem warmen Moor», dichtete einst der Doktor Benn.

Die Zeit der Kriegsjahre, in denen sich der Untergang des Dritten Reiches mehr und mehr abzeichnet und die deutsche Höllenfahrt schneller und schneller in den Abgrund geht, hat gleich drei wichtige literarische Werke hervorgebracht, die sich auf die Faustfigur bzw. die des Mephisto beziehen – Thomas Manns «Doktor Faustus», Klaus Manns «Mephisto»-Roman und Else Lasker-Schülers «IchundIch». Else Lasker-Schülers Drama ist von diesen dreien das einzige, in dem der Konflikt zwischen Judentum und Hitlerideologie ausgearbeitet wird. Nicht nur ist die Dichterin selbst Jüdin und somit vom Schicksal deutscher Juden unmittelbar betroffen, sie holt auch die Auseinandersetzung zwischen alttestamentarischem und kabbalistischem Denken und aufgeklärter Philosophie auf die Bühne, zu der in letzter Konsequenz eben auch Hitlers Rassenideologie gehört.

Das kleine Zimmer, in dem Else in diesen letzten Jahren in Jerusalem lebte, in dem sie auch an «IchundIch» gearbeitet hat, war eine Zuflucht, eine Art Höhle, in die sie sich verkroch. Die Heilige Stadt, die sich in früheren Jahren in ihren Gedichten so oft verklärte, gleicht nur in Bruchstücken dem inneren Bild, das sie sich gemacht hatte, – die Konflikte, die sich zwischen den eingesessenen Bewohnern Palästinas und den aus allen Teilen der Welt einströmenden jüdischen Siedlern abzeichneten, wurden noch unter britischer Kontrolle ausgetragen, ließen jedoch schon erkennen, daß sich hier in einigen Jahrzehnten Kriege abspielen würden. Schalom Ben Chorim, einer der Freunde Elses in Jerusalem, sieht die tiefe Enttäuschung der Dichterin angesichts dieser Wirklichkeit sehr klar – «Stellen Sie sich vor», sagt er in einer Fernsehdokumentation von 1967, «Hölderlin wäre nach Athen gekommen.»

Else versucht, das verlorene Berlin in Jerusalem wiederzufinden: sie gründet eine kleine literarische Gesellschaft und nennt sie: der «Kraal». Dort will sie Freunde wie Max Brod, Martin Buber und Ben Chorim treffen, dort sollen neue Texte vorgetragen und Verbindungen zur Malerei, dem Theater, dem Kino, der Musik geschaffen werden. Die Einladungen, mit Bleistift auf herausgerissene Heftseiten geschrieben, trägt sie selbst aus. Und für die, die zu den Abenden kommen, werden sie zu unvergeßlichen Erinnerungen – aus einem besseren Deutschland, in dem jüdische Mystik und Poesie wenigstens zeitweise noch blühen konnten.

Aber in dem Aufbruch, der sich zu dieser Zeit in dem künftigen Israel abspielt, ist für Kunst, Dichtung und Theater nur wenig Platz. Die Stadt ist mit einer europäischen Weltstadt nicht zu vergleichen. So etwas wie ein Nachtleben mag es allenfalls für britische Soldaten gegeben haben, aber für den Prinzen Jussuf, der seine Streifzüge durch das nächtliche Berlin zum Leben brauchte, gibt es höchstens Einladungen zum Abendessen bei den neuen Siedlern. Wenn Benn in seinem Nachruf darauf hinweist, daß sie hauptsächlich von Obst und Nüssen gelebt hat, so hat er wohl jene Passagen in ihren Texten übersehen, in denen sie von den Essen zum Versöhnungstag in ihrem Elternhaus schwärmt, von Markklößchensuppe und Fisch in geschmolzener Butter und Kompott und Torte – oder von Ente mit Mirabellen, von Schnecken und Austern, die sie mit Herwarth Walden im Restaurant Kempinski geschlemmt hat. Sie war durchaus keine Kostverächterin und die Diät aus Obst und Nüssen bestimmt nicht ganz freiwillig ihre Dauernahrung. So ist von ihr auch eine Anekdote aus Jerusalem überliefert, wo sie zum Essen eingeladen wurde. Die Gastgeber versicherten: «Wir machen auch bestimmt keine Umstände, es gibt nur Butterbrot!» «Butterbrot!» soll die Dichterin empört ausgerufen haben, «nein! Machen Sie Umstände, ich bestehe darauf!»

Sie verliebt sich, so alt wie sie ist, und muß mit Abweisung und Spott fertig werden. Für einen alternden Mann ist es ein Zeichen von Vitalität, wenn er sich – wie Goethe – noch in vorgerückten Jahren zu lieben getraut. Für eine alte Frau ist es in den Augen der Gesellschaft eine geschmacklose Lächerlichkeit. Das bekommt die fast Siebzigjährige mit allem Nachdruck zu spüren, denn der Sittenkodex der Siedler ist streng und ganz und gar verschieden von der lässigen Offenheit, die an den Caféhaustischen der Kurfürstendamm-Boheme herrschte.

Benn spukt ihr immer noch im Kopf. Das Herz aus blauem venetianischem Glas mit Goldeinschlüssen, das sich in ihrem Nachlaß findet – stammt es von der Venedig-Reise? Von den Erinnerungsstücken, die bei der Toten gefunden werden, haben besonders viele mit ihm zu tun oder könnten es zumindest. Und auf ihren Zeichnungen umarmt ein schwarzhaariger Prinz Jussuf einen blonden jungen Mann, der aussieht wie der Giselheer der frühen Jahre. Benn ist und

1944: Benn als Wehrmachtsoffizier im Zweiten Weltkrieg. «Die aristokratische Form der Emigration.»

bleibt für sie – im Guten wie im Bösen – die Personifikation dessen, was sie an ihrer ersten Heimat, Deutschland, geliebt und gehaßt hat. Er steht für das, was Berlin ihr war und wurde: Zentrum der neuen Kunst, nicht nur der literarischen, und dann Zentrum des Schreckens.

Aber sie hat ja nicht nur dieses Berlin der Kunstszene verloren, sondern auch ihr Wuppertal, die Stadt ihrer Kindheit. Und auch die möchte sie nach Jerusalem verpflanzen. Einen Rummelplatz möchte sie anlegen, für Juden und Araber, damit «die sich in der Freude begegnen können», wie Ben Chorim sie zitiert, und «darüber soll stehen: für Gott». Und was sollen Juden und Araber zur Versöhnung essen? – Reibekuchen! Wuppertaler Reibekuchen aus Kartoffeln, die Else so sehr geschätzt hat, daß sie sogar ein Gedicht darauf schrieb mit der Empfehlung, sie in Butter zu braten und mit Zwiebeln zu würzen.

Sie stirbt noch vor Ende des Krieges, noch vor der Öffnung der Konzentrationslager, am 22. Januar 1945, und sie wird am Ölberg begraben. Es heißt, daß bei der Verbreiterung der Straße nach Jaffa zur Autobahn, die an ihrem Grab vorbeiführte, ihre Knochen aus der Erde genommen und in alle Winde verstreut wurden. Und so hat sich der Wunsch Benns aus seinem Nachruf an sie von 1952 nicht erfüllt:

«Ich weiß nicht, ob die Gräber in Israel Hügel haben wie bei uns oder ob sie flach sind wie in anderen Ländern. Aber wenn ich an dieses Grab denke, wünsche ich immer, daß eine Zeder vom Libanon in seiner Nähe steht, aber auch, daß der Duft von Jaffa-Orangen die glühende Luft jenes Landstrichs über diesem deutschen Grab heimatlich lindert und kühlt.»

Ein seltsamer Nachruf – fast, als gälte es einen Kameraden zu betrauern aus einem Krieg wie dem, den Jussuf mit Giselheer im «Malik» führte und bei dem sie schließlich einander, statt sich zu bekämpfen, im silbernen Boote stehend umarmten. Ein seltsamer Nachruf auch deshalb, weil der Protestant Benn ein ganz lutherisches «Hier stehe ich, ich kann nicht anders» hören läßt, wie es für den großen Verhüller ganz ungewöhnlich ist: «Dieses Lebtum als fernen Saum habe ich immer gefühlt, alle Jahre, bei aller Verschiedenheit der Lebenswege und Lebensirrungen. Darum stehe ich heute hier, sieben Jahre nach ihrem Tod ...»

Wie du mich zurückläßt, Liebste –,

so tönt die Leier des preußischen Orpheus 1946 in den Trümmern dessen, was einmal das Deutsche Reich gewesen war.

Wir wissen, seine zweite Frau, Hertha von Wedemeyer, hatte sich auf Kartoffelsäcken liegend beim Einmarsch der Russen eine Todesspritze Morphium gesetzt, während ihr Mann wieder einmal weit weg von ihr war.

Klaus Theweleit ist in seiner Arbeit über den Orpheus Benn denn auch der Auffassung, daß dieses Gedicht der zarten Hertha gilt. Sie schrieb Benns Texte auf ihrer Schreibmaschine ins reine und war ihm eine geduldige und bewundernde Zuhörerin – dazu auch noch blaublütig, was dem Doktor Benn sicher auch einen gewissen Eindruck gemacht hat. So weit hatte er es gebracht, daß er eine Adlige heiraten konnte, für die der große Poet keine Mesalliance war. Eine Eurydike also wie aus Männerphantasien. Theweleit hat jedoch keine Erklärung dafür, wieso in diesem Gedicht das Wort «drohen» gleich mehrfach, nach der dritten, der vierten und der fünften Strophe, eingeschoben ist, und das eigentlich ohne Erklärung und ohne direkten Zusammenhang mit dem übrigen Fluß des Gedichts.

«Säulen werden im Schlaf seine Arme und drohen» hatte Else Lasker-Schüler in ihrem Pharao-und-Joseph-Gedicht geschrieben, das sie Benn widmete, «Drohungen» überschrieb Benn das große Gedicht aus dem Zyklus «Alaska», das auch in «Söhne» in einer Kurzfassung auftaucht. «Fort die

Töne – vergessen!» ruft er sich hier zu, ehe er das «drohen» einschiebt wie den Ruf einer Stimme aus einer anderen Zeit.

«fort die Töne –
vergessen!»

– drohen –!

Und Eine starrt so seltsam.
Und eine Große, Gefleckte,
bunthäutig («gelber Mohn»)
lockt unter Demut, Keuschheitsandeutungen
bei hemmungsloser Lust – (Purpur
im Kelch der Liebe –!) vergeblich!

– drohen –!

Erinnern wir uns: «Mein königlicher Becher! Meine schweifende Hyäne!» und «Du machst mir Liebe: blutigelhaft»

doch: drohen –!

und nun die Steine
nicht mehr der Stimme folgend,
dem Sänger,
mit Moos sich hüllend,

die Äste laubbeschwichtigt,
die Hacken ährenbesänftigt –:
nackte Haune –!

Erinnern wir uns wieder: «Ich bin Affen-Adam, baumast-lüstern ...» und auch an Ruth, die Ährenleserin. Gewiß ist das Gedicht auch der gerade verstorbenen Hertha von Wedemeyer gewidmet, aber hinter ihr wird immer wieder die

Große Gefleckte sichtbar und droht: «die dich streift, stürzt ab».

Die Erinnerung an ELS ist nicht nur drohend, nicht nur beängstigend, nicht nur Schuldgefühle provozierend. In anderen Gedichten lebt sie als Bild einer Freiheit, wie Benn sie sich selbst nie gewährt hat.

Lebe wohl –

Lebe wohl, du Flüchtige, Freie
die Flügel zu Fahrt und Flug –
geschlossen die Rune, die Reihe,
die deinen Namen trug.

Ich muß nun wieder
meine dunklen Gärten begehn,
ich höre schon Schwanenlieder
vom Schilf der nächtigen Seen.

Die dritte Strophe ist als Antwort der Frau auf den Abschied des Mannes formuliert, ganz so wie in dem ersten für Else Lasker-Schüler geschriebenen Gedicht:

Lebe wohl, du Tränenbereiter
Eröffner von Qual und Gram,
verloren – weiter
die Tiefe, die gab und nahm.

Die «Flüchtige, Freie», mit den «Flügeln zu Fahrt und Flug» – das ist jetzt, nach dem Krieg, nach der Erkenntnis, daß die Nazi-Götterdämmerung nirgendwohin außer in die totale und sinnlose Zerstörung und zu millionenfachem Mord geführt hat, endlich eine positive Einschätzung der Flucht, die Benn Jahre zuvor, in seiner Antwort auf Klaus Manns Brief, so vehement abgelehnt hatte. Und die Lieder seines (schwarzen) Schwans hört er immer noch im Schilf der nächtigen Seen. Er weiß jetzt, daß er für sie «Eröffner von Qual und Gram» war und «Tränenbereiter».

Allein ist Benn in das völlig zerstörte Berlin zurückgekehrt. Er findet sich schwer zurecht zwischen den Ruinen, heiratet wieder, eine Frau, die Ilse, nicht Else heißt und im Jahre ihrer engsten Verbindung, 1912, geboren ist. Als er die Ehe mit ihr schließt, ist ELS schon tot. Diese dritte Frau wird nicht mehr «abstürzen», sondern vielmehr Benn um viele Jahre überleben.

Die Rede, die er sieben Jahre nach Elses und vier Jahre vor seinem Tod im British Council in Berlin hielt, ist in letzter Zeit als Benns höchsteigene Entnazifizierung gedeutet worden, als neuerliche Tat des Karrieresüchtigen zur Biographie-Bereinigung.

Das wäre allerdings 1952 nicht nötig gewesen, denn Benn ist schon ein Jahr vorher, 1951, mit der höchsten literarischen Auszeichnung der deutschen Bundesrepublik, dem Büchnerpreis, ausgezeichnet worden. Er hätte also durchaus vermeiden können, sich mit seinem Verhältnis zu Else Lasker-Schüler derartig zu exponieren. Das wäre sogar sinnvoll gewesen. Wenn man Zeitzeugen über jene Jahre hört, beispielsweise Teo Otto über die erste «Wupper»-Aufführung nach dem Zweiten Weltkrieg in Frankfurt, wo die «Silberschlipse» im Parkett «türenschlagend» das Theater verließen, dann war Giselheers spätes Bekenntnis zum Prinzen Jussuf sicher etwas, das die damals Einflußreichen gerade nicht von ihm hören wollten, erinnerte es sie doch an die eigenen Versäumnisse.

Wenn er in seiner Rede von «Lebensirrungen» spricht, dann meint er seine eigenen. Über seine Haltung in Nazi-Deutschland war er, anders als viele seiner Zeitgenossen, selbst sein erster Richter, wie sich aus vielen seiner Gedichte – «so viel Lügen geliebt, so viel Worten geglaubt» – und aus

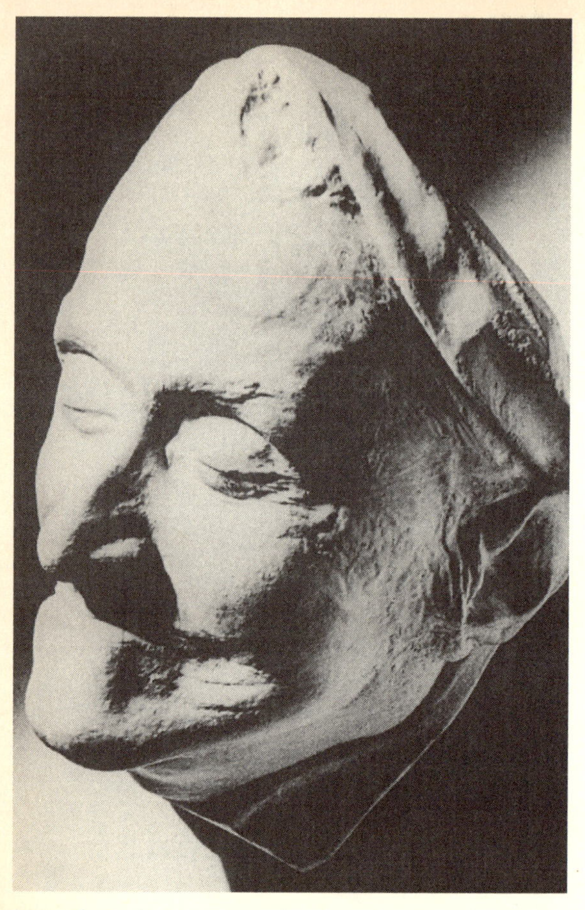

1945: Else stirbt vor Kriegsende in Jerusalem und hat mit «IchundIch» ein weibliches jüdisches Faustdrama hinterlassen – mit einem IchundIch/FaustMephisto, der wie der Doktor Benn spricht und handelt. Ihre Totenmaske.

Im British Council hält Benn sieben Jahre nach ihrem Tod einen Nachruf auf Else, der eine späte Liebeserklärung ist. «Dieses Lebtum als fernen Saum habe ich immer gefühlt, bei aller Verschiedenheit der Lebenswege und Lebensirrungen.» Seine Totenmaske von 1956.

seinen Eingeständnissen von Schuld gegenüber Klaus Mann erkennen läßt.

Sicher, er hätte noch weiter und tiefer darin gehen können – aber wer tat das denn in Adenauers Verschweigungsrepublik? Themen wie die, die er in seinem Nachruf auf Else anspricht, waren in den frühen fünfziger und bis in die sechziger Jahre tabu, niemand wagte, nachdrücklich an die Weggejagten und Gemordeten zu erinnern.

Persönlich mutig ist das Bekenntnis zu Else vor allem deshalb, weil es eine zweite öffentliche Liebeserklärung ist – nach der in der «Aktion» von 1912, und vielleicht nicht ohne Absicht genau vierzig Jahre danach. Keine andere Frau hat Benn soviel Leidenschaft und soviel Respekt zugleich abgenötigt. Auch wenn wir Nachgeborenen bedauern, daß er den Nazis auf den Leim kroch, statt mit ELS in die Schweiz zu flüchten – in seinen Gedichten und in seinem Nachruf auf sie gibt er uns das schönste und intensivste Bild von ihr, das wir haben. Und daß sie ihn geliebt, gehaßt und wieder geliebt hat, daran hat sie keinen Zweifel gelassen. Sollten wir hinter ihr zurückbleiben?

Hören wir ihn also noch einmal über sie, damit wir uns an beide erinnern in der Zeit ihres Glanzes:

«Es waren die Jahre des ‹Sturms› und der ‹Aktion›, deren Erscheinen wir jeden Monat oder jede Woche mit Ungeduld erwarteten. Es waren die Jahre der letzten literarischen Bewegung in Europa und ihres letzten geschlossenen Ausdruckswillens ... Sie schlief oft auf Bänken, und sie war immer arm, in allen Lebenslagen und zu allen Zeiten. Das war der Prinz von Theben, Jussuf, Tino von Bagdad, der schwarze Schwan ... Und dies war die größte Lyrikerin, die Deutschland je hatte ... Sie nannte mich Giselheer oder den Nibelungen oder den Barbar. Ein Gedicht aus dem Zyklus Dr. Benn gehört zu den schönsten und leidenschaftlichsten, die sie je geschrieben hat. Sie schrieb darüber: Letztes Lied an Giselheer:

Ich raube in den Nächten
Die Rosen deines Mundes,
Daß keine Weibin Trinken findet.

Die dich umarmt,
Stiehlt mir von meinen Schauern,
Die ich um deine Glieder malte.

Ich bin dein Wegrand.
Die dich streift,
Stürzt ab.

Fühlst du mein Lebtum
Überall
Wie ferner Saum?

Dieses Lebtum als fernen Saum habe ich immer gefühlt ...»

Literaturhinweise

Werkausgaben ELS und Benn

Else Lasker-Schüler, Gesammelte Werke. Kösel, München 1969–1986

Else Lasker-Schüler, Briefe: Mein buntes Theben, Lieber gestreifter Tiger. Kösel, München 1988–1990

Else Laker-Schüler und Franz Marc, Botschaften an den Prinzen Jussuf. Prestel, München 1987

Alle Rechte jetzt bei Suhrkamp Verlag, Frankfurt am Main.

Gottfried Benn, Sämtliche Werke. Stuttgarter Ausgabe. In 7 Bdn. Hg. von G. Schuster in Verb. mit Ilse Benn. Bd. 1, 2: Gedichte. Klett-Cotta, Stuttgart 1989

Gottfried Benn, Ausgewählte Briefe. Limes, Wiesbaden 1957

Gottfried Benn, Briefwechsel mit Paul Hindemith. Klett-Cotta, Stuttgart 1978

Gottfried Benn, Briefe an F. W. Oelze, Hg. Schröder, Steinhagen. Limes, Wiesbaden 1977

Gottfried Benn, Briefe an Tilly Wedekind. Klett-Cotta, Stuttgart 1986

Gottfried Benn, Medizinische Schriften, Hg. Werner Rübe. Limes, Wiesbaden 1967

Eine Auswahl der Schriften zu Else Lasker-Schüler

Sigrid Bauschinger, Else Lasker-Schüler, ihr Werk und ihre Zeit. Lothar Stiehm, Heidelberg 1980

Erika Klüsener, Else Lasker-Schüler in Selbstzeugnissen und Bilddokumenten. Rowohlt, Reinbek 1980

Else Lasker-Schüler 1969–1945, bearbeitet von Erika Klüsener und Friedrich Pfäfflin – Else Lasker-Schüler in den Tagebüchern von Werner Kraft 1923–1945, ausgewählt von Volker Kahmen – Marbacher Magazin 71/1995. Deutsche Schillergesellschaft Marbach

Jakob Hessing, Else Lasker-Schüler, Biographie einer deutsch-jüdischen Dichterin. Von Loeper Verlag, Karlsruhe 1985

Lasker-Schüler. Ein Buch zum 100. Geburtstag der Dichterin, hg. von Michael Schmid-Ospach. Peter Hammer Verlag, Wuppertal 1969

Mein Herz – niemandem, ein Else-Lasker-Schüler-Almanach. Hg. Michael Schmid-Ospach. Peter Hammer Verlag, Wuppertal 1993

Meine Träume fallen in die Welt, ein Else-Lasker-Schüler-Almanach, hg. von Sarah Kirsch, Jürgen Serke und Hajo Jahn. Peter Hammer Verlag, Wuppertal 1995

Eine Auswahl der Schriften zu Gottfried Benn

E. B. Ashton, Primal Vision. A New Direction Book, New York 1971

Joachim Dyck, Gottfried Benn, Das Nichts und der Herr am Nebentisch. Wagenbach, Berlin 1986

Ludwig Greve, Gottfried Benn, Ausstellungskatalog Marbach 1986

Hans Egon Holthusen, Gottfried Benn, Leben, Werk, Widerspruch 1886–1922. Klett-Cotta, 1986

Thilo Koch, Gottfried Benn, ein biographischer Essay. S. Fischer, Frankfurt am Main 1986

Walter Lenning, Benn, Bildmonographie. Rowohlt, Reinbek 1966

Pierre Maertens, L'ébloui. Brüssel 1982

Ulrich Ott (Hg.), Gottfried Benn 1886–1956. Eine Ausstellung des deutschen Literatur-Archivs Marbach 1986

Werner Rübe, Provoziertes Leben. Gottfried Benn. Klett-Cotta, Stuttgart 1993

Nele Poul Soerensen, Mein Vater Gottfried Benn. Limes Verlag, Wiesbaden 1960

Klaus Theweleit, Buch der Könige, Bd. 1, Orpheus und Eurydike. Stroemfeld, Roter Stern, Frankfurt am Main 1988

Dieter Wellershoff, Phänotyp dieser Stunde. Kiepenheuer und Witsch 1958

Ausgewählte Texte zum Berlin der literarischen Cafés

Walter Benjamin, Berliner Chronik. S. Fischer, Frankfurt am Main 1988

Tilla Durieux, Meine ersten neunzig Jahre. E. A. Herbig, München 1971

Alfred Döblin, Werkausgabe. dtv, München 1980, 1988

Hermann J. Fohsel, Im Wartesaal der Poesie. Verlag Das Arsenal, Berlin 1997

George Grosz, Ein kleines Ja und ein großes Nein. Rowohlt, Reinbek 1974

Wieland Herzfelde, Immergün. Aufbau Verlag, Berlin und Weimar 1986

Wieland Herzfelde, Der Malik-Verlag 1916–1947. Aufbau-Verlag, Berlin 1967

Herbert Ihering, Von Reinhardt bis Brecht. Rowohlt, Reinbek 1967

Franz Kafka, Briefe an Felice. S. Fischer, Frankfurt am Main 1976

Harry Graf Kessler, Tagebücher. S. Fischer, Frankfurt am Main 1982
Alfred Kerr, Die Welt im Drama. Kiepenheuer, Köln 1954
Klaus Mann, Prüfungen. Ellermann, München 1968
Erich Mühsam, Namen und Menschen. Hanser, Berlin 1977
Kurt Pinthus, Das Kinobuch. Arche Verlag, Zürich 1963
Prinzler/Patalas (Hg.), Ernst Lubitsch. Schriften der deutschen Kinemathek, München–Luzern 1984

Texte zu Expressionismus und «Entarteter Kunst»

Stephanie Barron, Degenerate Art. The Face of the Avantgarde in Nazi Germany, Los Angeles County Museum of Art 1991
Berlin–Moskau. Hg. Irina Antonowa und Jörn Merkert. Prestel, München–New York 1995
Assault on the Arts, Schriftenreihe der New York Library, 1992
Leonhard M. Fiedler, Max Reinhardt in Selbstzeugnissen und Bilddokumenten. Rowohlt, Reinbek 1975
Inge Jens, Dichter zwischen rechts und links. Piper, München 1972
Boris Kochno, Serge Diaghilew et les ballets russes. Librairie Arthème Fayard, Paris 1973
Jean Michel Palmier, L'expressionisme comme révolte. Apocalypse et révolution. L'expressionisme et les arts, ouvrage couronné par l'Académie Française. Payot, St. Germain–Paris 1978–1980
Jürgen Sehrke, Die verbrannten Dichter. S. Fischer, Frankfurt am Main 1980

Texte zu Antisemitismus und Judentum

H. G. Adler, Die Juden in Deutschland, von der Aufklärung bis zum Nationalsozialismus. Piper, München 1960
Hannah Arendt, Elemente und Ursprünge totaler Herrschaft. Piper, München 1992
Leo Baeck, Von Moses Mendelssohn bis zu Stefan Rosenzweig. Stuttgart 1958
Henrik Budde, Andreas Nachama (Hg.), Die Reise nach Jerusalem, Texte der jüdischen Gemeinde zu Berlin. Argon, Berlin 1996
Hermann Levin Goldschmitt, Das Vermächtnis des deutschen Judentums. S. Fischer, Frankfurt am Main 1957
Walter Hofer, Der Nationalsozialismus, Dokumente 1933–1945. Droste, Frankfurt am Main 1957
A. Leschnitzer, Saul und David. Lambert Schneider, Heidelberg 1954
Papus, Die Kabbala. Fourier Verlag, Wiesbaden 1989

Leon Poliakov/J. Wolff, Das dritte Reich und die Juden. Ullstein, Berlin 1955

Jean-Paul Sartre, Betrachtungen zur Judenfrage. Psychoanalyse des Antisemitismus. Rowohlt, Reinbek 1960

Gerhard Schönberner, Der gelbe Stern. Bertelsmann, Gütersloh 1968

Giora S. Shoham, Walhalla Golgatha Auschwitz. Über die Interdependenz von Deutschen und Juden. Edition S., Wien 1995

Karl Alexander Sinn, Kurzer Abriß einer Staatsbürgerkunde. Reclam, Leipzig 1938

Autorin und Verlag danken den Verlagen Klett-Cotta und Suhrkamp (Jüdischer Verlag) für die Genehmigung zum Abdruck der Gedichte von Gottfried Benn und Else Lasker-Schüler.

Bildnachweis

Else-Lasker-Schüler-Archive, Jerusalem, S. 184

Schiller-Nationalmuseum, Deutsches Literaturarchiv/Bildabteilung, Marbach, S. 23, 47, 50, 73, 77, 85, 119, 127, 137, 164, 178, 185

Stadtbibliothek Wuppertal, Else-Lasker-Schüler-Archiv, S. 16, 35, 37, 61, 94, 141, 148, 157

Gedruckte Quelle:

Helmut Heintel, Gottfried Benn. Bildnisse. Hatje Verlag, Stuttgart 1990, S. 104